João Ribeiro: Educação e História

CIP – BRASIL. CATALOGAÇÃO NA PUBLICAÇÃO
SINDICATO NACIONAL DOS EDITORES DE LIVROS, RJ

G99j

Gusmão, Emery Marques

João Ribeiro: educação e história / Emery Marques Gusmão. — 1. ed. — São Paulo : Ícone, 2017.
104 p.; 23 cm.

ISBN: 978-852-741-288-9

1. Educação — Brasil. 2. Avaliação educacional. I. Título.

17-39849 CDD: 371.26
CDU: 37.091.26

20/02/2017 20/02/2017

Emery Marques Gusmão

João Ribeiro: Educação e História

Ícone editora

Capa

Regina Paula Tiezzi

Diagramação

Regina Paula Tiezzi

Revisão

Fabrícia Romanio

Impressão

Expressão e Arte Gráfica

ÍCONE EDITORA LTDA.
Rua Javaés, 589 – Bom Retiro
CEP: 01130-010 – São Paulo/SP
Fone/Fax: (11) 3392-7771
www.iconeeditora.com.br
iconevendas@iconeeditora.com.br

Índice

Apresentação — *Pedro Angelo Pagni* 7

Introdução 11

1. Produção e Circulação de Materiais Didáticos 13
Emery Marques Gusmão; Raquel L. L. Barbosa

2. A Literatura Escolar e as Pesquisas Eruditas 27
Emery Marques Gusmão

2.1. O Livro História do Brasil (1900), escrito por João Ribeiro 36

2.2. O Livro Autores Contemporâneos (1923), escrito por João Ribeiro 47

3. Os Conteúdos Clássicos no Currículo da Escola Secundária Brasileira 61
Emery Marques Gusmão

3.1. A História Antiga nos Livros Didáticos de João Ribeiro 83

Considerações Finais 103
Emery Marques Gusmão

Apresentação

A história da educação foi escrita durante muito tempo a partir somente do protagonismo de educadores conhecidos, com espaço na imprensa e no mercado editorial, que ocupou cargos públicos cuja visibilidade deixou um registro de seu tempo. Mais recentemente, vê-se que à margem dos chamados grandes educadores também escreve uma outra história: mais efetiva e próxima das escolas, nem por isso menos refletida ou materializada, ao ponto de deixar seu registro em uma série de livros didáticos ou acadêmicos, raramente conhecidos senão pela historiografia, ao menos nos cursos de formação de professores. Este é o caso da obra de João Ribeiro, cujas páginas deste livro de Emery Marques Gusmão procuram retomar mais pontualmente, destacando os seus aspectos como professor de história e de gramática do secundário e como historiador da educação antiga.

João Ribeiro, educação e história aborda, dessa forma, essas faces de um educador que retratam o papel intelectual de professores atuantes em escolas como o Colégio Pedro II, responsáveis por elaborar e por difundir um conjunto de práticas de ensino e didáticas no âmbito da formação de professores durante o final do século XIX e meados do XX. Os leitores encontram neste livro a reconstrução histórica de parte dessas práticas e da memória da formação de professores no secundário, por meio da análise de alguns materiais didáticos produzidos por João Ribeiro no que se refere à História do Brasil e à História Antiga. O que chama atenção é a importância concedida aos clássicos e à língua culta, assim como a erudição que preside as pesquisas para a elaboração deste material. Algo que indica a formação intelectual e o papel desempenhado pelos professores responsáveis pela formação docente, assim como o sentido que dão à circulação das ideias e das práticas pedagógicas no período.

É possível perceber aí uma confrontação das práticas habituais e dos discursos religiosos em busca de elementos científicos e filosóficos mais afinados e modernidade, que sustentarão posteriormente os discursos pedagógicos e a ação dos *primeiros educadores profissionais* ou dos Pioneiros da Educação Nova. Do mesmo modo que se pode notar nesse material um papel de mediação e de passagem das ideias eruditas e sua circulação por meio de práticas destinadas aos professores formados nos cursos normais, indicando o seu sentido estratégico no período e que perdurou nas décadas seguintes. É inevitável também não contrastar a riqueza e a erudição do material produzido nesses campos e com sua destinação no período com a pobreza de boa parte dos materiais atuais, onde preponderam a informação e certa especialização sobre o detalhamento erudito e a exigência de uma formação prévia lá encontrada. Parece ser esse exercício de contraste entre o presente e o passado que permite ao leitor também se indagar sobre o papel histórico e intelectual desempenhado pelos professores dos cursos superiores de formação docente com o atual, que em nome de certa especialização técnica-científica abandonou a preocupação com a sua formação geral.

O presente livro assim convida seus leitores a essa reflexão sobre o papel atual dos professores que lecionam nos cursos de formação docente. Embora não seja esta sua preocupação principal na medida em que se atém aos rigores de um trabalho histórico, parece ser essa a sua contribuição mais relevante. Isso porque o livro nos faz olhar para os materiais didáticos reconstruídos historicamente e para as práticas intelectuais de João Ribeiro que neles se materializam como tradição e memória, respectivamente, abandonadas, mas que ainda hoje nos instigam a repensarmos tanto o seu sentido didático-pedagógico quanto o papel que muitos educadores desempenham nos atuais cursos de licenciatura e de Pedagogia. Assim, este livro é leitura recomendada para quem, por esse viés, esteja disposto ou disposta a problematizar os materiais didáticos utilizados e de enfrentar os desafios atuais da docência nesses cursos.

Pedro Angelo Pagni

Introdução

João Ribeiro nasceu em Laranjeiras (SE) em 1860, faleceu no Rio de Janeiro (RJ) em 1934 e entrou para a história intelectual brasileira como destacado membro da geração de 1870. Esquecido pelas atuais gerações, revela-se como intelectual característico de sua época: respeitado professor do Colégio Pedro II, atua em diferentes campos do conhecimento, tais como a história, literatura, crítica, filologia, jornalismo, pintura, música e materiais didáticos. Sua farta produção — pouco estudada — compreende mais de vinte obras, dentre as quais destacamos livros escritos para uso escolar: *História do Brasil — curso superior* (16ª edição em 1967), *História do Brasil — para as escolas primárias* (6ª edição com estampas em 1912, 2ª edição em 1900); *Rudimentos de História do Brasil — curso primário* (11ª edição em 1926); *História Universal* (1918)[(1)]; a *Gramática Portuguesa — curso primário* (90ª edição em 1927), *Gramática Portuguesa — curso médio* (38ª edição em 1927) e *Gramática Portuguesa — curso superior* (10ª edição em 1901); *Autores Contemporâneos,* livro adotado em diversos institutos de ensino secundário e escolas normais (20ª edição em 1930); *Compêndio de História da Literatura Brasileira,* escrito em parceria com Silvio Romero; *Selecta Clássica* — que complementa o curso superior de Gramática Portuguesa (1905).

As reedições sugerem grande aceitação e longa permanência de algumas obras didáticas no mercado editorial. *O Curso de Língua Portuguesa* foi premiado pelo júri da exposição de objetos escolares em 1888

(1) Observe que, comparado aos demais, os livros de história geral e antiga tiveram poucas reedições.

com diploma de primeira classe (como informa a capa de sua *Gramática Portuguesa — curso médio* — 26ª edição). Os textos são densos e alguns revisados após a morte do ator, sugerindo que foram entendidos como obras peculiares, verdadeiros "clássicos". As posições afirmadas por João Ribeiro em diversos ensaios sobre a língua brasileira são coerentes com os exercícios e textos didáticos e evidenciam que, na visão do autor, a difusão dos conhecimentos históricos e linguísticos seriam necessários (numa perspectiva convergente) ao projeto de formar o "homem brasileiro".

A Lei de Diretrizes e Bases nº 5.692/71 e a expansão da indústria editorial a partir de 1970 representam um marco no processo de produção e circulação de materiais didáticos. Os livros antigos e "clássicos" saem do mercado, rompe-se a aura que envolvia a leitura na escola, substituída pela leitura rápida e fragmentada, e altera-se profundamente o perfil dos autores (GATTI JR.). Apesar dos novos paradigmas educacionais, alguns livros, poemas ou contos produzidos por renomados intelectuais brasileiros — tais como Olavo Bilac, Coelho Neto, Rocha Pombo e João Ribeiro —, que em fins do século XIX e início do XX assumiram a missão patriótica de contribuir para "nacionalizar" os livros utilizados na escola brasileira, ainda estão envoltos em uma "aura", na condição de "boas leituras", para a escola brasileira em sua "fase de ouro". Tais autores nos remetem a um circuito cultural que mantinha uma relação muito peculiar com a palavra escrita e provoca muito saudosismo na atual sociedade. A retomada das condições de produção dessas obras pode lançar luzes sobre o mito da boa escola tradicional.

Nesta oportunidade apresentamos os resultados de uma pesquisa que analisou as obras didáticas escritas por João Ribeiro no final do século XIX, início do século XX. Assim, o texto divide-se em três partes: a primeira apresenta um texto escrito em parceria com Raquel Barbosa, que procura problematizar a ampla aceitação de algumas de suas obras no mercado, a outra analisa as contribuições de João Ribeiro para a escrita escolar da história do Brasil e a última aborda seus livros didáticos que tratam da história antiga.

1

Produção e a Circulação de Materiais Didáticos: Compêndios de História e Livros de Leitura

Emery Marques Gusmão
Raquel Lazzari Leite Barbosa

Resgatamos duas pesquisas: a primeira trabalha com entrevistas de ex-professoras primárias que atuaram nos anos 1940-1960 e, por meio destes depoimentos, resgata a utilização e importância dos livros de leitura nas escolas de primeiras letras na cidade de Assis, no interior do

Estado de São Paulo (BARBOSA); a outra procura levantar em bibliotecas pessoais de ex-alunos e ex-mestres, de antigas escolas, as municipais e das Universidades títulos de livros didáticos principalmente os produzidos para a área de História do Brasil — que se mantiveram no mercado durante décadas (GUSMÃO). O contraponto dos dois trabalhos revela que alguns textos didáticos produzidos em fins do século XIX e início do XX permaneceram no mercado até 1970.

Até meados do século XIX, os poucos livros utilizados para a educação da nossa infância e juventude eram estrangeiros — principalmente franceses — nem sempre traduzidos. Com a obrigatoriedade do ensino seriado e da frequência dos alunos, assiste-se, na década de 1930, a expansão do mercado editorial na área didática, que recebe uma atenção especial por parte do governo Vargas, empenhado em avaliar/censurar os materiais disponíveis. O depoimento das professoras entrevistadas por Barbosa sugere que os poetas eram "mitificados" e transformados em "heróis" no interior das salas de aula, pois se inscreviam num circuito cultural que mantinha uma relação muito peculiar com a palavra escrita; uma "aura" de respeito e submissão parecia envolver a leitura na escola. Os compêndios de História, por sua vez, evitavam ambiguidades que dessem margem a leituras equivocadas ou a recriações por parte do leitor; eram densos, ricos em detalhes e, ao final do ano letivo, eram guardados nas estantes das casas, fonte de pesquisas para a família e de rememorações para os alunos. As inúmeras reedições não alteram radicalmente o perfil das obras; algumas atualizações introduzidas — muitas vezes após a morte do autor — procuraram garantir a atualização historiográfica. Assim, o livro *História do Brasil*, lançado por João Ribeiro em 1900 pela Livraria Francisco Alves, está na 16ª edição em 1957 pela Editora São José, com revisão de Joaquim Ribeiro; o livro *História do Brasil* — curso fundamental escrito por Rocha Pombo está na 14ª edição no ano de 1967, com revisão e atualização de Hélio Vianna pela mesma editora, Melhoramentos, que o disponibilizava nos anos 1930 e 1940. Nos anos 1950 e 1960, surpreende a vendagem de livros mais simples, tais como os produzidos por Joaquim Silva e Borges Hermida(2): o primeiro está na 78ª edição no ano de 1958 e continua no

(2) Quando se afirma que os livros eram "mais simples" pretende-se marcar um contraponto em relação àqueles produzidos por Ribeiro: as obras didáticas deste último são densas,

mercado no final da década de 1960; o outro está na 57ª edição em 1971. Após esta data (1971) não encontramos reedições destes trabalhos que, no entanto, podem ser adquiridos em sebos com relativa facilidade ou consultados em bibliotecas públicas ou privadas.

Publicado na década de 1960, o livro *Ensino da História* no primário e no ginásio, escrito por Miriam Moreira Leite, apresenta a seguinte descrição dos materiais didáticos utilizados na maioria das escolas primárias brasileiras:

> "[...] em grande número de escolas primárias, o material didático se reduz ao livro de leitura, ao quadro negro e ao giz; ao caderno, lápis e caneta, do aluno. Nesta situação, o livro didático ganha saliência expressiva. Não é apenas um livro entre muitos outros [...] Tem a importância da palavra impressa e fixa, a que se recorre quando surgem dúvidas nos resumos provisórios, escritos no quadro-negro pela professora ou nas perguntas e resposta escritas à mão, no caderno, pelo aluno. Muitas professoras não adotam um livro separado de História. Adotam apenas um livro de leituras variadas [...]. Nestes casos, os livros de História para o curso primário constituem fonte de informação para o professor."

A citação acima evidencia que o livro didático tanto pode apresentar-se como recurso para o aluno quanto se tornar fonte de pesquisa para o professor. Segundo a autora, na década de 1960, o livro didático de História destinado à escola primária era usado pelo professor; ao aluno ficavam os livros de leitura. Em uma análise dos livros de leitura mais utilizados na escola primária brasileira no início do século XX, Souza e Oliveira (2000) afirmam que a era da leitura escolar foi inaugurada com os sistemas estatais de ensino em fins do século XIX e, neste contexto, foi advogada em função de sua capacidade de contribuir para a educação moral e doutrinamento das camadas populares. Assim, supõe que as inúmeras reedições da série graduada de leitura de Felisberto de Carva-

capítulos longos e poucas ilustrações, enquanto os outros são mais breves, capítulos curtos que, em alguns casos, apresentam quadros sinópticos.

lho — que chega 119ª edição entre os anos de 1892 e 1934 — evidenciam o sucesso do projeto num momento em que o livro didático era o "único objeto cultural ao qual a criança tinha acesso". O professor Felisberto Rodrigues Pereira de Carvalho lança no mercado livros com capas coloridas, capítulos ilustrados que deveriam despertar na criança o desejo de conhecer os temas propostos pelo Estado para o currículo da escola primária: gramática, sistema métrico, Zoologia, Botânica, Geografia, História e muitas poesias que retratavam o amor à pátria e ao próximo. Assim, o texto literário entrava na escola como leitura edificante, como "boa literatura", e a poesia como sinônimo de um estilo elegante, como modelo e ideal a ser cultivado na linguagem escrita e oral (p. 32). Segundo a análise de Souza e Oliveira, caberia à escola ensinar a criança a redigir com estilo e perfeição, o que equivale a dizer que adquiriu nobreza, correção, precisão e harmonia (p. 32). Do ponto de vista literário, tais características correspondem a um tipo de narrativa que caracterizou a produção dos membros das academias no Brasil e foi duramente criticado pelos modernistas na década de 1920. Antonio de Alcântara Machado, por exemplo, no artigo *Terra Essencialmente Agrícola,* apresenta críticas incisivas à leitura escolar e destaca que "em matéria de educação literária, o brasileiro está no primeiro estágio". Em um diálogo irônico, sugere que seriam inadequadas as obras disponíveis no mercado editorial brasileiro:

> "O pai diz ao filho: — Não leia assim, menino, estraga a vista. A mãe diz à filha: — Isso são ideias de romance. O marido diz à mulher: — Leia o manual da perfeita cozinheira. Ou então, o professor que diz ao aluno: — Leia Coelho Neto." (*Cavaquinho e Saxofone*)

Para Coelho Neto, manual de cozinha ou romances franceses não expressam a essência da nacionalidade; no caso de Coelho Neto, há um agravante: "tiram do guri toda a vontade de ler. Desiludem o pequeno. E ele cresce inimigo pessoal da literatura. Com muitíssima razão". Em outro artigo, "Pela gurizada", responde ao apelo de Gilberto Freire ao grupo moderno de São Paulo para que escrevesse livros para meninos: "uma revista infantil eu acho [...] mais útil do que um livro". *"Livro a criança lê mal e esquece logo.* [...] Com a revista é diferente. Porque a revista repousa e insiste. O que o número dez disse e ficou esquecido, o número onze recorda e fica guardado. Isso no que se refere a lições de moral e outras coisas. A parte instrutiva" (*Cavaquinho e Saxofone*). Completa que ainda mais apropriado seria um jornalzinho:

> "Porque nele cabe tudo: histórias, caricaturas, problemas e outras coisas do estilo. [...] Quanto à diversão, a vantagem do jornal também é maior. [...] De jornais infantis, portanto, é que precisamos nós. Jornais que ensinem o Brasil antes de mais nada. Nacionalizem o brasileirinho. Inteligentemente. Nada de lorotas patrióticas e tropos auriverdes. [...] Nesse gênero basta o porque me ufano do meu país de triste fama. Mas abrasileirar divulgando, por exemplo, nossas lendas indígenas ou não. Apresentando o Brasil aos meninos da cidade. [...] Com material brasileiro construir nossos contos de Perrault." (*idem*)

As críticas aos mestres também se verificam no conto *Tiro de Guerra nº 35*, publicado no livro *Brás, Bexiga e Barra Funda*:

> "No Grupo Escolar da Barra Funda, Aristodemo Guggiani aprendeu em três anos a roubar com perfeição no jogo de bolinhas [...] e ficou sabendo na ponta da língua que o Brasil foi descoberto sem querer e é o país maior, mais belo e mais rico do mundo. O professor Seu Serafim todos os dias ao encerrar as aulas limpava os ouvidos com o canivete [...] e dizia olhando no relógio: — Antes de nos separamos meus jovens discentes, meditemos uns instantes no porvir de nossa idolatrada pátria. Depois regia o hino nacional. Em seguida o da bandeira [...] A campainha soava. E o pessoal desembestava pela rua Albuquerque Lins vaiando seu Serafini."

Apesar das críticas, este gênero de literatura escolar manteve-se na escola durante décadas. A obra *Poesias Infantis,* de Olavo Bilac, produzida para uso escolar e premiada pelo Conselho Superior da Instrução Pública Municipal do Rio de Janeiro em 1904, foi reeditada sucessivas vezes até o ano de 1961 e, segundo Andréia Cordeiro (2004), alguns de seus poemas continuaram sendo publicados em "antologias escolares, livros didáticos das mais diferentes disciplinas e usados na escola como ornato perfeito às datas cívicas sob a forma de jograis, cartazes e tantas outras práticas e rituais que compuseram a educação de inúmeros brasileiros". O discurso proferido por Bilac aos alunos da escola normal em 1922 evidencia concepções que sacralizam a educação e a Pátria:

> "Quando um verdadeiro professor primário sente a completa e clara responsabilidade do seu cargo, a sua alma é invadida de uma analogia estática, como o arrebatamento de espírito que, nos primeiros tempos da vida monástica, transfiguravam o asceta. Na sua cadeira de educador, o mestre recebe a visita de um deus: é a Pátria se instalando no seu espírito. O professor, quando professa, já não é um homem, sua individualidade anula-se: ele é a Pátria visível, raciocinando no seu cérebro e falando pela sua boca. A palavra que ele dá ao discípulo é como a hóstia que é a eucaristia cívica. Na lição há a transubstanciação do corpo, do sangue, da alma de toda a nação comungante." (*apud* CORDEIRO, 2004)

O milagre da educação — transformar indivíduos em cidadãos para a República —, assim como o seu estilo de escrita, causam estranhamento ao leitor atual que tende a desconfiar do seu poder de encantamento. Os depoimentos de professoras atuantes na rede pública de ensino na cidade de Assis nos anos 1940-1960 colhidos por Barbosa (2001) sugerem que o gênero de literatura escolar criticado por Alcântara Machado mantém-se na escola mediante artifícios e adequações das mestras. Segundo Barbosa, as biografias dos autores eram mais estudadas que as poesias. A narrativa acadêmica, fortemente criticada pelos modernistas, parece identificar-se com o conceito de erudição no início do século XX e, deste modo, autores acadêmicos impuseram-se no mercado didático — não necessariamente como recurso para o aluno, mas para o mestre. O professor primário conhecia Bilac, Coelho Neto e através de livros de leitura e ensinavam suas biografias. Do mesmo modo, livros didáticos redigidos por historiadores respeitados, tais como Rocha Pombo, parecem dever sua longa permanência no mercado como fonte de pesquisa para professores — e demais intelectuais — e recurso pedagógico, esporadicamente, em escolas modelo. Gasparello (2004) chama atenção para o fato de que em fins do século XIX, início do XX, o professor secundário — particularmente aquele atuante no Colégio Pedro II — origina-se dos círculos da cultura letrada e participam ativamente da administração do emergente sistema público e privado de ensino. Muitas vezes, membros da Academia Brasileira de Letras ou do Instituto Histórico e Geográfico Brasileiro assumiam a "responsabilidade social de produção de livros dedicados ao ensino como autores e divulgadores de suas aulas, reproduzidas e recriadas na pluralidade das instituições educacionais do país" (GASPARELLO, 2004). A autonomia conferida a tais mestres, assim como o papel normatizador de suas aulas, justifica a existência de congregações nas escolas secundárias modelo neste período — colégio Pedro II e Ginásio do Estado criado na capital paulista em 1891. Jane Cardote Tavares faz uma descrição do Pedro II na qual destaca as cadeiras entalhadas e dispostas em círculo na antiga sala de reuniões do colégio:

> "Quem caminha hoje pela Avenida Marechal Floriano, no centro antigo da cidade do Rio de Janeiro, ainda pode admirar a fachada inconfundível do Colégio Pedro II. Do outro lado da calçada 4.415, notam-se estabelecimentos comerciais com nomes familiares: Farmácia Medeiros, Papelaria Acyoli. São nomes que também se encontram nas atas do Colégio Pedro II. Nomes de catedráticos eminentes, professores que formaram gerações de estudantes. Ultrapassando as portas de ferro do prédio [...], trabalhadas artisticamente, [...] na memorável sala das sessões, de mobiliário imponente, encontram-se ainda as cátedras dispostas em círculo, convidando à discussão, ao debate, à congregação. O Colégio Pedro II, desde a sua inauguração em 1838, foi instituído como padrão nacional. Devia ser o primeiro a adotar e praticar, daí difundir, as intenções dos governantes quanto ao ensino secundário do país [...]. Os professores catedráticos do Colégio reuniam-se dentre outras coisas para discutir, votar e aprovar as reformas pertinentes ao ensino." (TAVARES, 2002, p. 29)

A criação de um sistema nacional de ensino a partir de 1930 reduz o poder decisório das congregações das instituições escolares que, aos poucos, tornam-se desnecessárias. O Manifesto dos Pioneiros da Educação Nova de 1932 destaca a necessidade de reestruturações no campo da educação que desmontavam as condições sob as quais emergia parte do poder e prestígio do professor secundário no século XIX: "depois de quarenta e três anos de regime republicano [...] não lograram ainda criar um sistema de organização escolar a altura das necessidades modernas e das necessidades do país". O mesmo documento afirma que esta situação deve-se à "inorganização [...] do aparelho escolar e à falta [...] da determinação dos fins da educação (aspecto filosófico e social) e da aplicação (aspecto técnico) dos métodos científicos aos problemas da educação. [...] Esse empirismo grosseiro, que tem presidido ao estudo dos problemas pedagógicos, postos e discutidos numa atmosfera de horizontes estreitos tem as suas origens na ausência total de uma cultura universitária e na formação meramente literária de nossa cultura". Os exames parcelados para ingresso nas faculdades coadunavam-se com a visão puramente livresca de educação que atribuía ao ensino escolar a função de difundir os conhecimentos necessários para promover distinções sociais; neste sentido, a Semana de Arte Moderna e a Escola Nova representam momentos importantes para a superação da cultura acadêmica predominante nos livros didáticos do período. Por outro lado, o "empirismo grosseiro" a que se refere o Manifesto pode ser lido como consequência do intenso diálogo dos educadores com as experiências das salas de aula das escolas modelo (particularmente o Pedro II), em detrimento das "ciências pedagógicas". Nos livros didáticos de História do Brasil escritos por João Ribeiro e Rocha Pombo chama a atenção e a densidade dos textos — pouco atrativos para o adolescente atual e os prefácios que explicam o público a que se dirigem, além de procurar — em alguns casos — inscrever seus autores no contexto da história cultural brasileira. O prefácio do livro *História do Brasil,* curso fundamental (3ª edição) de Rocha Pombo destaca que o autor não se dirige exclusivamente ao aluno:

> "[...] o presente é uma ampliação da História do Brasil destinada ao ensino secundário [...]. Tive, na disposição deste compêndio, de cingir-me ao programa do instituto oficial modelo. E como este é pouco explicito, reduzindo-se a indicar 24 pontos capitais para 80 lições (*Programa do Colégio Pedro II* para 1924), tive naturalmente de desdobrar cada ponto em lições, sem alterar o número destas. [...] julguei que conviria a aduzir a cada lição, e mais endereçada aos

> mestres *que aos discípulos*, uma nota suplementar com a indicação de questões e assuntos conexos à matéria do texto."[3] (grifos meus)

O Capítulo VIII "Primeira invasão holandesa" apresenta as seguintes "questões conexas" a serem pesquisadas e discutidas pelos professores: "A Espanha e as províncias unidas. — Os holandeses e a liberdade de comércio. — As companhias das Índias"[4]. Enquanto o livro História do Brasil, curso fundamental, parece intermediar os programas oficiais definidos a partir do Colégio Pedro II e os demais professores do país, o volume destinado ao primeiro ciclo do ensino secundário, conforme esclarece a própria Editora Melhoramentos no prefácio redigido à 14ª edição de 1967 "pode ser utilizada tanto pelos candidatos aos cursos superiores (ciclos colegiais) e estudantes das Faculdades de Filosofia, quanto como obra de consulta em todas as bibliotecas. Por igual, presta-se ela ao manuseio de mestres primários e de professores de ginásio para o preparo das aulas e de mais largos estudos, tão valiosos são os subsídios e sugestões que apresenta" (grifos meus). Acostumados a pensar o livro didático como mercadoria descartável, ficamos surpresos em observar que, em outros tempos, ao final do ano letivo, algumas obras eram incorporadas às bibliotecas familiares. Uma professora de História que iniciou a carreira no final da década de 1950 declara em entrevista que fica surpresa e indignada ao ver as mães jogarem fora os livros didáticos já utilizados pelos filhos (GUSMÃO: 2004). Na obra *História do Brasil* (ROCHA POMBO, ciclo colegial, 1967), chama a atenção as revisões e atualizações posteriores à morte do autor empreendidas por eminente historiador Hélio Vianna. As alterações de Hélio Vianna (14ª edição, 1967, do volume destinado ao ciclo colegial) sugerem que o livro apresenta-se como um "monumento cultural" a ser continuamente restaurado para sobreviver ao tempo? Com relação a este tema, a Editora Melhoramentos esclarece ao leitor:

> "Ao tirar-se esta nova edição, teve-se o cuidado de proceder à completa revisão do texto, para harmonização de algumas

(3) ROCHA POMBO, José Francisco da. Prefácio redigido em 1924. In: *História do Brasil* — curso fundamental. 3. ed. São Paulo: Melhoramento, 1940.

(4) ROCHA POMBO, José Francisco da. *História do Brasil* — curso fundamental. 3. ed. São Paulo: Melhoramento, 1940.

> passagens com os resultados de recentes pesquisas de nossa história; teve-se também o cuidado de uniformizar a grafia de nomes e instituições, segundo a forma assentada pelos maiores cultores da atualidade; e acrescentou-se um novo capítulo para atualização da matéria até os nossos dias."(5)

No livro de *História do Brasil* — curso superior — escrito por João Ribeiro em lançado em 1900, as atualizações posteriores à morte do autor ficaram a cargo de Joaquim Ribeiro. Embora a contracapa não registre, Joaquim Ribeiro esclarece no prefácio da 14ª edição (1953) que tais revisões foram empreendidas com a ajuda do professor Libâneo Guedes do Colégio Pedro II:

> "Nossos sociólogos, desde Euclides da Cunha em *Os Sertões* a Gilberto Freire em *Casa Grande e Senzala* citam, como uma das fontes de seus estudos, a *História do Brasil* de João Ribeiro. [...] Em boa hora, a Livraria São José conseguiu autorização da Livraria Francisco Alves para empreender a presente edição. Encarregado pela aludida casa editora para rever e completar a XIV edição do curso superior de *História do Brasil* de João Ribeiro, procurei respeitar o texto paterno, admitindo somente emendas relativas a visíveis erros de revisão. Naturalmente, a História do Brasil está sujeita a revisões, algumas das quais ditadas por estudos posteriores do próprio João Ribeiro. Neste sentido, achei perfeitamente cabível, em apêndice, reunir algumas notas elucidativas. A pedido da casa editora, completei a História até o presente, observando a sobriedade com que João Ribeiro trata os sucessos da história republicana. Aproveito a oportunidade para agradecer a meu amigo, Professor Libâneo Guedes, do Colégio Pedro II, que me ajudou com a habitual boa vontade, na revisão desta edição." (p. 20)

---

(5) ROCHA POMBO, José Francisco da. Prefácio redigido em 1924. In: *História do Brasil — curso fundamental*. 14. ed. São Paulo: Melhoramento, 1967.

No ano de 1963, o professor Libâneo Guedes, além de lecionar a disciplina História no Colégio Pedro II, também era titular da cadeira de Didática Especial de História da Universidade do Estado da Guanabara e, neste ano, divulga os tópicos fundamentais das suas aulas. A "Nota Explicativa" da obra *Curso de Didática de História* esclarece:

> "Reconhecemos que nosso magistério secundário precisa de se imbuir, com maior entusiasmo, dos métodos pedagógicos. Já é tempo de relegar o empirismo ao esquecimento e promover a renovação técnica do ensino. A arte educativa, esclarecida pela ciência, só oferece resultados fecundos e altamente significativos. Urge despertar entre os professores este amor aos métodos científicos de ensinar e de controlar o ensino. Na escola primária, a renovação veio mais cedo e está visível aos olhos de todos os que estejam informados de nossa realidade educacional. Agora cabe promover, na escola secundária, essa reforma que vem se processando lentamente. [...] O meu trabalho é apenas uma pequena contribuição, mas, por mais insignificante que seja, revela o propósito superior de concorrer para essa desejada renovação educacional." (p. 9-10)

Surpreende que um defensor da renovação do ensino de histórica empenhe-se na reedição de livro didático lançado em 1900. A contradição talvez possa ser esclarecida a partir do uso que os professores fizeram dela. Araripe Júnior redige um prefácio, reproduzido na 14ª e na 15ª edições (1953 e 1954), no qual explicita sua função de auxiliar o docente nas aulas, fonte de pesquisa para aulas que lance mão aos "recursos audiovisuais" disponíveis a época: mapas, quadros e a exposição oral de um professor talentoso.

> "[...] as ideias, por mais alevantadas que sejam, podem penetrar perfeitamente no intelecto do menino, com tanto que o mestre saiba aproximar-se dele, despindo-se do espirito de pura burocracia pedagógica, e tenha o preciso talento de dar corpo às coisas abstratas, ou melhor, possa transformar as ideias gerais em sentimentos, vestindo-as com as

> cores dos objetos da vida diária e familiarizando o espírito infantil com a ciência que, em última análise, só é difícil enquanto reside na nomenclatura técnica. O manual de João Ribeiro constitui uma excelente guia naquele sentido. O aluno só terá de ler do seu livro [...] parte dramática dos acontecimentos; o mais fica a cargo do professor." (p. 12)

Ou seja, a obra dirige-se ao mestre, pois comporta "coisas abstratas", "ideias gerais" e "fornece todas as indicações que o devem induzir a estudar não somente a filosofia dos fatos, mas a sua filiação, as interdependências geográficas, mas também a oportunidade de exibi-las e o modo consentâneo a cada aluno de despertar o interesse sobre eles, servindo-se de analogias que no ambiente próximo se oferecem como veículo de iniciação" (p. 12). Araripe exemplifica qual seria o procedimento de um "mestre inteligente" que trabalhasse a lição introdutória do curso:

> "[...] presumo que o mestre esteja numa sala onde se encontrem alguns mapas murais do Brasil e da Europa. Não custará a esse professor fazer a sua primeira lição chamando a atenção do aluno para os dois pontos geográficos — Portugal e Brasil — [...] materializando, assim, a ideia longínqua e obscura que a leitura daria da viagem de descoberta da América do Sul. Se aí existirem os quadros da primeira missa de Vitor Meirelles e de outros artistas que se têm ocupado com o primeiro movimento da nossa história, melhor." (p. 12-13)

Portanto, cabe ao mestre que faz as adaptações necessárias. À primeira vista, as adaptações sugeridas seguem a metodologia do ensino intuitivo em voga no início do século XX, de modo a evitar que o discípulo ouça "nenhum famoso discurso, revelador da grande sabença do pedagogo, nem tão pouco terá sido torturado com preleções sobre sistemas de história" (p. 13):

> "É preciso que o menino, ao retirar-se da aula, com o sentimento de que seu espírito cresceu, ampliando-se num rapto de alegria, como se porventura ele tivesse assistido à descoberta do Brasil e tivesse acompanhado seu desenvolvi-

mento em poucas horas. Semelhante estado de consciência é a coisa mais fácil de produzir na alma das crianças, que eu conheço, havendo mestres." (p. 13)

Assim, o livro de Ribeiro é "encarado como chave de ensino e de iniciação de professores" (p. 14) e não se equipara a outros sucessos editoriais da área do ensino de História, tais como Joaquim Silva e Borges Hermida. Os capítulos dos livros escritos por estes últimos são mais curtos e apresentam questionários; a linguagem acessível ao adolescente e o destaque para fatos pitorescos verídicos em destaque colorido evidenciam o esforço de tornar-se atrativo aos alunos. Assim, evidencia-se outro paradigma — distanciado dos "clássicos" e mais próximos dos materiais característicos do período posterior a 1970.

Bibliografia

BARBOSA, Raquel L. L. *A construção do "herói":* leitura na escola — Assis (1920-1950). São Paulo: Unesp, 2001.

CORDEIRO, Andréia. Memória, nação e escolarização: a apologia à memória nacional em "Poesias Infantis" (1904) de Olavo Bilac. *I Seminário Brasileiro sobre livro e história editorial.* Realização: FCRB — UFF/PPGCOM — UFF/LIHED, 8 a 11 de nov. de 2004. Casa de Rui Barbosa, Rio de Janeiro. Disponível em: <www.historiaeditorial.pro.br//pdf/andreabezarracordeiro.pdf>.

GASPARELLO, Arlette M. Invenção e continuidade: as Histórias do Brasil de João Ribeiro. *I Seminário Brasileiro sobre livro e história editorial.* Realização: FCRB UFF/PPGCOM UFF/LIHED, 8 a 11 de nov. de 2004. Casa de Rui Barbosa, Rio de Janeiro. Disponível em: <www.historiaeditorial.pro.br/pdf/arlettegasparello.pdf>.

GATTI JR., Décio. *A escrita escolar da história.* Livro didático e ensino no Brasil (1970/1990). Bauru EDUSC; Uberlândia: EDUFU, 2004.

GHIRALDELLI JR., Paulo. História da educação. *Manifesto dos pioneiros da educação nova.* São Paulo: Cortez, 1991.

GUEDES, João Alfredo Libâneo. *Curso de didática de história.* Rio de Janeiro: J. Ozon, 1963.

GUSMÃO, Emery Marques. *Memórias de quem ensina história* — cultura e identidade docentes. São Paulo: Unesp, 2004.

LEITE, Miriam Moreira. *O ensino da história no primário e no ginásio.* São Paulo: Cultrix, s/d.

MACHADO, Antonio de Alcântara. *Brás, Bexiga e Barra Funda:* notícias de São Paulo. São Paulo: Imprensa Oficial do Estado: Arquivo do Estado, 1982.

______. *Cavaquinho e Saxofone.* Rio de Janeiro: José Olympio, 1940.

OLIVEIRA, Catia Regina Guidio Alves de; SOUZA, Rosa Fátima de. As faces do livro de leitura. *Cadernos CEDES*, ano XIX, n. 52, nov. 2000.

RIBIERO, João. *História do Brasil* — curso superior. 14. ed. rev. e coment. por Joaquim Ribeiro. Rio de Janeiro: São José, 1953.

______. *História do Brasil* — curso superior. 15. ed. rev. e comentado por Joaquim Ribeiro. Rio de Janeiro: São José, 1954.

ROCHA POMBO, José Francisco da. *História do Brasil* — curso fundamental. 3. ed. São Paulo: Melhoramentos, 1940.

______. *História do Brasil.* 14. ed. rev. e atual. por Hélio Vianna. São Paulo: Melhoramentos, 1967.

TAVARES, Jane Cardote. *A Congregação do Colégio Pedro II* e os *Debates sobre o ensino de Matemática.* Mestrado em Educação Matemática. PUC/SP, 2002.

2

A Literatura Escolar e s Pesquisas Eruditas

Emery Marques Gusmão

A inserção político-cultural do professor secundário e dos materiais pedagógicos produzidos em fins do século XIX é tão díspar da atual que nos causa estranheza encontrar na bibliografia dos planos de ensino do Colégio Pedro II(6), como livros didáticos, a História da Literatura Brasileira de Sílvio Romero um clássico para os estudiosos da literatura —, a História do Brasil de João Ribeiro fonte de estudos para Euclides da Cunha e Gilberto Freire produzirem *Os Sertões* e *Casa Grande e Senzala* e *Compêndio de História da Literatura Brasileira* cujos textos, com análises da

(6) Conferir o Anexo I (Programas de Ensino do Colégio Pedro II) da tese de doutorado de Razzini (2000) e Vechia e Loren (1998).

obra de reconhecidos historiadores, foram integralmente reproduzidos no suplemento literário "Autores e Livros" do jornal *A Manhã* na década de 1940(7). Reconhecido como erudito historiador e estudioso da língua e da literatura nacional, João Ribeiro produziu farta literatura pedagógica destinada aos vários níveis de ensino. Embora aclamado como eminente historiador e crítico literário, João Ribeiro não desenvolve pesquisas históricas originais a partir de fontes primárias (como faz Capistrano de Abreu) nem propõe uma nova síntese da história da literatura brasileira capaz de consagrar estilos ou autores (como faz Sílvio Romero); ao contrário, as obras *História do Brasil* e *Compêndio de História da Literatura Brasileira* parecem divulgar o conhecimento produzido por aqueles autores (também professores do Colégio Pedro II e contemporâneos dele). Deste modo, suas obras são importantes no processo de inserção da cultura e da história brasileiras no currículo escolar e suas obras permitem desenvolver reflexões acerca da história das disciplinas escolares no Brasil.

Assiste-se nos últimos anos um debate que assume a disciplina escolar como um campo de conhecimento autônomo, superando a noção de que a escola transpõe didaticamente os conhecimentos eruditos e/ou científicos(8). Chevel, um nome importante nesta discussão, desenvolve estudos sobre a história da gramática escolar francesa e conclui que as "regras gramaticais" decorreram das necessidades internas da escola e tornou-se campo de estudos acadêmicos depois de afirmar-se no meio escolar. Assim, problematiza a relação sociedade letrada/conteúdos escolares. No caso específico do Brasil, o Colégio Pedro II torna-se, na segunda metade do século XIX, a instituição a partir da qual definiam-se os conteúdos para a escola secundária; foi a partir desta proeminência que os conteúdos clássicos (latim, grego, retórica...) cederam espaço para os conhecimentos produzidos acerca da realidade nacional (história do Brasil, língua e literatura brasileira).

Eliminada a noção de superioridade de uma determinada modalidade de cultura sobre outra, entende-se que diferentes formas culturais são constituídas de maneira imbricada num jogo sutil de "apropriações" por meio das quais se forjam significados ao mundo social. Assim, uma

(7) Conferir Ângela de Castro Gomes (1996).
(8) Bittencourt (2004) recupera as concepções de pesquisadores ingleses e franceses acerca do tema na obra *Ensino de história:* fundamentos e métodos (p. 31-51).

historiografia renovada da educação recupera fontes tradicionalmente relegadas ao esquecimento, tais como a literatura didática, os depoimentos orais de professores, os arquivos escolares; enfim, elementos que nos permitam visualizar o cotidiano das salas de aula chamado de "caixa preta" dos sistemas educacionais por D. Julia.

A circulação de concepções e práticas escolares no interior da sociedade é alvo de interesse dos historiadores da cultura. Assim, Roger Chartier sugere a necessidade de pesquisas na área no prefácio que redige para o livro de Lilian de Lacerda (2003), um estudo sobre os relatos autobiográficos redigidos por mulheres em fins do século XIX, início do XX. Lacerda afirma a importância dos romances franceses para mulheres que buscam um estilo de narrativa — apropriação imprescindível para quem não é profissional da escrita —, e Chartier, recuperando este dado, afirma que "seria apaixonante confrontar o conjunto dos autores citados e das obras lidas pelas autografas com os textos presentes nas antologias escolares ou nas coletâneas de trechos escolhidos" (p. 23). Ou seja, uma vez identificada a importância dos romances franceses para a construção de um estilo, cabe indagar o lugar da leitura escolar no universo cultural destas moças. Tais dados evidenciam que a partir das noções de apropriação e representação, valorizadas por Chartier, pode-se vislumbrar um campo de pesquisa que tanto descarta a visão depreciativa do livro didático face ao romance quanto afirma o caráter criativo do trabalho em sala de aula.

No caso específico de João Ribeiro, Bandeira Melo (1997) afirma que, apesar do seu amplo leque de atuação (jornalismo, crítica literária, filologia...), ele afirma-se profissionalmente como professor do Colégio Pedro II, uma posição que lhe confere prestígio e visibilidade(9). Embora

(9) Bandeira Mello destaca que Ribeiro tinha dúvidas quanto ao prestígio do professor: para João Ribeiro, a proclamação da república inaugura uma nova fase na história do "professorado" pois extirpa "regalias, honras e vantagens", reduzindo-o "como está à situação honrosa e franciscana de ordem mendicante. Os novos descalços não murmuram inutilmente, mas convolam a outras núpcias mais fecundas aqui e ali" (p. 28) de modo a transformar a docência em "um 'bico' ou um 'biscate', arranjo ou achego" (p. 29). Segundo ele, "na monarquia eram os professores os iguais dos desembargadores, mas, estes, pelo assíduo contato com a política militante, adquiriam a 'embocadura' da prosperidade; triplicavam suavemente os seus proventos sobre os dos seus antigos colegas. A jubilação, que não era favor, mas prêmio de serviços [...] foi também eliminada" (p. 28).

o salário de docente não correspondesse ao desejado, a influência nos exames parcelados para ingresso nas faculdades no final do século XIX significava facilidade de acesso às demais instituições culturais.

O ingresso nos cursos jurídicos em 1827 (por exemplo) era feito mediante "certidões de aprovação" de latim, francês, retórica, filosofia e geometria expedidas por professores autorizados pelo governo a manter as aulas avulsas, pois não havia ensino seriado ou frequência obrigatória[(10)]. O ensino secundário resumia-se ao preparatório para os exames parcelados e, face ao desejo das famílias de colocar rapidamente seus filhos no ensino superior, as aulas avulsas ou cadeiras de colégios cujo conteúdo não era exigido nos preparatórios — "por exemplo, grego, química, física e história" (RAZZINI, 2000, p. 25) — desapareciam por falta de alunos. Seguindo a tendência europeia, os exames valorizavam conteúdos humanistas clássicos (particularmente o latim e sua literatura) em prejuízo daqueles que contemplassem a realidade física ou social. A criação do Colégio Pedro II em 1838 e a produção de livros didáticos pelos seus professores foram decisivas para uma inversão.

A partir de 1854, todos os exames preparatórios para as faculdades deveriam tomar por base os programas e compêndios do Colégio Pedro II, que conferia aos seus poucos egressos[(11)] o título de Bacharel em Letras e o direito de ingresso em qualquer curso superior do país. O Anexo IV da tese de Razzini (2000) "Quadro do número de aulas semanais (em todas as séries) do curso secundário" do Pedro II entre os anos de 1838 e 1961 evidencia a importância inicial conferida ao Latim (50), Matemática (29), Retórica e Poética (20) e Filosofia (20). A tabela evidencia que a redução do número de aulas das disciplinas ligadas aos conteúdos "clássicos" abre

---

O professorado. O professo Carneiro Ribeiro. In: *Obras de João Ribeiro. Crítica*. Rio de Janeiro: Publicações da Academia Brasileira de Letras, 1961. v. V: Filólogos.

Bandeira Melo também afirma os baixos salários dos professores do Pedro II e as dificuldades financeiras de alguns deles com base no relato de Joaquim Manoel de Macedo na obra *Um passeio pela cidade do Rio de Janeiro*.

(10) Os "preparatórios" foram extintos em 1931 pela reforma. Francisco Campos que impõe a conclusão do ensino secundário seriado e com frequência obrigatória como condição de ingresso no ensino superior.

(11) Com base na obra *Um passeio pelo Rio de Janeiro* anteriormente citada, Bandeira Melo (1997) informa que 221 bacharéis formaram-se no Colégio Pedro II entre os anos de 1843 e 1860.

espaço para a integração da "cultura nacional" no currículo. Retórica e Poética acaba excluída do currículo em 1890 e, em seu lugar, coloca-se até o ano de 1901 a disciplina História da Literatura Brasileira; Português e História também se impõem lentamente com oscilações quanto ao perfil, conteúdo, número de aulas e independência em relação a outras áreas. Talvez se possa pensar que o ideal do homem culto, refinado e apto ao convívio social que, desde o renascimento, presidiu a emergência dos estudos clássicos nos colégios europeus distanciados da qualificação profissional e voltados para a cultura greco-latina, também esteve presente na concepção do Colégio Pedro II e na nacionalização dos currículos (movimento para o qual João Ribeiro contribuiu com manuais de História do Brasil, de História da Literatura Brasileira e Gramática da Língua Portuguesa). Ou seja, os estudos desinteressados da realidade física, das línguas vivas e da cultura nacional podem representar nas escolas do século XIX a "reformulação" da antiga tradição das elites de buscar a formação intelectual necessária ao burocrata e ao político — posições desejadas para os filhos.

Por outro lado, cabe destacar a dificuldade de implementar os estudos da cultura, da língua e da realidade nacional face à ausência de bibliografia (acadêmica ou pedagógica) e de uma regulamentação ortográfica oficial, pois os primeiros decretos que "regulamentam a ortografia portuguesa são [...] de 1911 em Portugal e de 1931 no Brasil" (RAZZINI, 2000, p. 42). Razzini sugere que a "antiga técnica de ensino da gramática e da retórica latina, exemplificadas através de autores considerados clássicos (latinos) foi incorporada" (p. 46); assim, no ano de 1855, a mesma reforma curricular que introduz "Coreografia brasileira e História nacional" no 4º ano, coloca "exercícios ortográficos" e "leitura e recitação" no programa de Português atividades que até então se desenvolviam com textos latinos nas aulas de "Retórica e Poética" ou "Gramática Latina". Assim, os objetivos do ensino de latim são transferidos para a Língua Portuguesa, colocando aos professores do colégio o desafio de definir o modelo e o conteúdo do bem falar e do bem escrever/compor em vernáculo. Do ponto de vista da História Literária, a obra lançada por Sílvio Romero em 1888 parecer tornar-se referência, pois está sempre presente nos planos de ensino do colégio pelo menos até o ano de 1928[(12)].

(12) Muitas de suas ideias parecem repetir-se no *Compêndio de História da Literatura Brasileira* escrita junto com João Ribeiro e que está na 2ª edição em 1909.

Ribeiro discute a inadequação do currículo da escola secundária brasileira, má qualidade o ensino e dos livros didáticos e em um artigo publicado no jornal Imparcial em 1919 com o título "Livros Didáticos"(13). Condena a "filosofia dos que são apressados" e do "tempo do automobilismo" — "incompatível com a morosidade dos estudos clássicos" (p. 230) — e completa:

> "A vida é breve; queremo-la intensa e sem repouso para contemplações retrospectivas e inúteis. O que havia de bom e aproveitável na civilização antiga se acha instintivamente incorporado nos homens novos.
>
> Nós todos sabemos latim pela superfluidade de um decreto, e pela segurança na hereditariedade." (p. 230)

E os livros, "esses pequenos aparelhos e instrumentos de educação" [...] "Deus sabe como são odiados, e dignos de ódio eterno". Apesar de ressalvas às "boas intenções dos que escrevem por oficio, amarrados ao pelourinho dos reformistas" (p. 229), valem apenas como "documentos de psicologia social" (p. 230), pois "dizem mudamente e eloquentemente o que vai pelos miolos indigestos dos nossos legisladores" (p. 229). Tais afirmações parecem incompreensíveis se tivermos em mente o poder dos docentes do colégio Pedro II até a década de 1930 — quando se esvazia o poder decisório de sua congregação face ao ministério da educação, à comissão de avaliação dos livros didáticos e à reforma ortográfica empreendida. No entanto, não se pode esquecer o distanciamento dos catedráticos em relação aos altos cargos públicos após a proclamação da república e as posições díspares que eles assumiam face às reformas curriculares — as reformulações das disciplinas e dos livros didáticos tomavam-se objeto de muitas disputas(14).

Segundo Ribeiro, o empreguismo, as acomodações burocráticas e o pedantismo (p. 233) transformam o currículo da escola secundária em um

---

(13) *Obras de João Ribeiro. Crítica.* Rio de Janeiro: Publicações da Academia Brasileira de Letras, 1961. v. V: Filólogos.

(14) Conferir TAVARES, Jane C. *A congregação do colégio Pedro II e os debates sobre o ensino de matemática.* Mestrado em Educação Matemática. PUC/SP, 2002.

"mosaico de patacoadas" que traz "entraves à própria formação mental" dos alunos. Entende que:

> "[...] a instrução é uma só; o humanismo é sempre o mesmo; não há educação do espírito que não comece e não prossiga pelos estudos fundamentais; a matemática, a físico-química, as ciências naturais e a história. Nisto se cifra, quaisquer que sejam os desenvolvimentos concêntricos, a área própria da instrução, que não é mais que o próprio enciclopedismo." (p. 232)

Em contraposição a estas disciplinas "fundamentais", aponta a Higiene, a Sociologia, a Instrução Cívica, o Direito Público, a Psicologia, a Lógica ou Filosofia como "disciplinas novas" e "esdrúxulas"; "justaposições molestas e infectuosas". Completa a crítica a tais disciplinas "descabidas", lembrando que "nossos professores conservam a ortografia etimológica e rejeitam a inovação portuguesa, que continua despercebida ou desacreditada pela repugnância de nossos mestres e pelo exemplo incontrastável da imprensa" (p. 234). Ribeiro endossa as críticas de J. C. Branner, "um sábio e nosso velho amigo", presidente da *Stanford University* (Califórnia) à unificação ortográfica por parte do Estado — tal como fez o governo português em 1911 pois esta medida:

> "[...] com um só golpe acabou com as leis da evolução natural da língua portuguesa e apagou completamente os traços e relações históricas e linguísticas, que a ligam com o latim, com o grego e com as outras línguas do mundo. Em minha opinião, aquele governo, por este ato, tomou uma liberdade com a língua do povo que nem os reis mais despóticos jamais se lembraram de tomar. Felizmente, no Brasil, os autores e escritores sérios se ocupam com a história e a literatura em lugar de procurar novas e esquisitas maneiras de soletrar."[15]

(15) Esta citação compreende fragmentos das palavras do professor Branner reproduzidas por Ribeiro no artigo "Livros didáticos" (p. 235).

Amparado ainda no "prestígio" e "imparcial autoridade de um mestre como o professor Branner", completa:

> "[...] para quem quer empregar uma língua perfeitamente lógica, perfeitamente fonética e perfeitamente mecânica, aí está o Esperanto, língua inventada, lógica, fonética, e mecanicamente, sem literatura, sem alma, sem valor intelectual ou espiritual." (p. 236)

Esta sugestão evidencia que Ribeiro valoriza o latim, as demais línguas e suas respectivas literaturas como construções históricas, expressões da mentalidade dos povos e não apenas pelo caráter "pragmático" que possam assumir em contextos internacionais tais como diplomacias, viagens e trocas de experiências intelectuais[(16)]. O artigo "Uma gramática latina", publicado no jornal *Imparcial* em 1918, analisa o livro *A gramática latina* de Mendes Aguiar e Gomes Ribeiro "também destinado às nossas escolas" (p. 241)[(17)] e afirma:

> "O pensamento, a alma latina, só se apreende e compreende versando diuturnamente a sensibilidade delicada de Virgílio, os rasgos da eloquência de Cícero ou a arte apurada de Horácio. Não será, pois, do eclipse desses antigos gênios que se há de esperar uma luz de regeneração." (p. 241)

Observe que o latim, as "línguas vivas" e a literatura não foram citados no artigo "Livros didáticos" nem como disciplina "fundamental", nem como "esdrúxula" dispensável; ele não as menciona, embora seja autor de uma *Gramática da Língua Portuguesa* e de uma seleta literária denominada *Autores Contemporâneos*, ambos aprovados pelo "miolo indigesto dos nossos legisladores" e, portanto, adotados no Colégio Pedro II. Talvez se possa pensar que a omissão deva-se ao fato destas áreas condensarem o objetivo último do ensino secundário no período

(16) Peter Burke problematiza a "visão convencional" que explica o declínio do latim por sua inadequação ao mundo moderno. (1993, p. 64).

(17) *Obras de João Ribeiro. Crítica.* Rio de Janeiro: Publicações da Academia Brasileira de Letras, 1961. v. V: Filólogos.

pois, no século XIX, o Colégio Pedro II fornecia aos egressos o título de "bacharel em letras" e não qualificações profissionais (reservadas a escolas destinadas aos órfãos ou aos filhos das classes economicamente desfavorecidas). O artigo "Ramiz Galvão"(18) traz críticas à proposta de se adotar o fonetismo como base da reforma ortográfica no país para os cursos da humanidade ou a partir do segundo grau do ensino:

> "Quanto a nós, não negamos as vantagens do fonetismo de agora, se se limitasse à instrução do primeiro grau popular, que não tem tesouros de leitura além da magra e imperfeita literatura portuguesa, toda ela composta de versos, discursos, história, romance, papéis fúteis, oficiais e raras obras técnicas e instrutivas.
> Nos cursos de humanidades, a partir do segundo grau do ensino, o fonetismo é uma atrapalhada inutilidade, que pode até retardar o estudo conveniente das línguas cultas, cujas ricas literaturas vão constituir a leitura assídua, inevitável e insubstituível, maiormente nos assuntos de ciência, de artes, de técnica e de erudição." (p. 291)

Pensando na formação do homem culto, o mesmo artigo destaca que a "gramática é uma exposição metódica da linguagem" e, como tal, não pode ser imóvel ou eterna: "seria absurdo atribuir imobilidade à primeira (gramática) sem atribui-la à última (linguagem)". Assim, a produção literária e a linguagem afirmam-se como objeto de estudo dos homens eruditos, a serem preparados nos estudos secundários num momento em que os campos de atuação intelectual e/ou disciplinar não se definem claramente. Por outro lado, observa-se uma confluência entre os estudos históricos (fortemente marcados pelo pensamento racial, pelas ideias de Martius e Capistrano) e da linguagem pois as gramáticas e as literaturas afirmam-se como documentos de uma época capazes de revelar a psicologia dos povos em determinado momento histórico; no entanto, Ribeiro não identifica a narrativa do historiador com literatura(19).

(18) *Obras de João Ribeiro. Crítica.* Rio de Janeiro: Publicações da Academia Brasileira de Letras, 1961. v. V: Filólogos.

(19) Observe que os temas históricos prestam-se à criação literária, mas constituem um tipo diferenciado de narrativa. O livro didático *Autores Contemporâneos* oferece ao leitor

Ângela de Castro Gomes (1996) destaca que na virada do século XIX para o século XX, um grupo de intelectuais que ela denomina "geração de 1890" — dentre eles João Ribeiro — "começa a se 'profissionalizar' no campo dos 'estudos históricos', antes que as universidades formadas apenas nos anos 30 começassem a criar 'especialistas' nas áreas da história, da geografia, da antropologia, da sociologia etc." (p. 106). A partir do discurso pronunciado por Ribeiro na posse no Instituto Histórico e Geográfico Brasileiro em 1914, quando tinha 55 anos de idade, a autora recupera as características que ele atribuía ao saber histórico e ao *metier* do historiador — ideias que presidiam a elaboração dos seus livros didáticos de história. Vale destacar que o seu grande trabalho como historiador não foi a pesquisa inédita junto a fontes (como fez Capistrano), mas as grandes sínteses produzidas em compêndios escolares História do Brasil publicada em 1900 e História Universal (1919); ainda assim, foi reconhecido como eminente historiador.

Gomes destaca que na visão de Ribeiro, existe uma verdade histórica identificada aos fatos rigorosamente documentados que, no entanto, não contentam os leitores. Crítico tanto da história descritiva que pretende abarcar todos os fatos quanto das generalizações sem embasamento, Ribeiro acredita que o "pensamento filosófico" permite ao historiador ultrapassar a enfadonha enumeração de fatos. Animado pelos debates que trava com outros intelectuais e com os problemas de sua sociedade, caberia ao estudioso de história discutir a construção da identidade do povo brasileiro. Assim, conhecimento histórico e estudos sobre língua e literatura complementam-se no esforço de compreender e intervir no processo de construção da nacionalidade. Diferentemente dos tempos atuais, a produção didática não aparece como uma obra menor, pois é entendida como produção de intelectuais para formar a elite culta.

2.1. O Livro História do Brasil (1900), escrito Por João Ribeiro

Na apresentação (chamada pelo autor de "Advertência") do livro *História do Brasil* — edição das escolas primárias[20] — encontra-se a seguinte informação:

---

a oportunidade de conhecer descrições de época por meio de textos literários, este é o caso de *O terremoto de Lisboa*, de Oliveira Martins.

(20) RIBEIRO, João. *História do Brasil* — edição das escolas primárias. 2. ed. com estampas. Rio de Janeiro: Francisco Alves, 2900 (Acervo da ABL).

"A primeira edição da História do Brasil continha a matéria essencial ao estudo feito nas escolas primárias e secundárias. Aceitamos, porém, o conselho de vários professores de que seria mais útil dividi-la em duas edições separadas, uma propriamente destinada à infância (que é a presente) e outra aos cursos superiores. Poucas alterações fizemos ao texto original composto em tipo de maior corpo na primeira edição [...].

Não tivemos o pensamento de redigir este compêndio em linguagem infantil; pensamos apenas em ser claro sem afetação pedagógica. Aos professores cabe assim mais ampla liberdade de método." (p. IV)

Não tivemos acesso à primeira edição da obra História do Brasil e o confronto da segunda edição, destinada à escola primária, com a 15ª edição destinada à escola secundária (1954) evidencia que a destinada à infância tem um número menor de páginas e mais intensamente valoriza cenas e personagens históricos, em prejuízo das problematizações. No entanto, não sabemos com certeza se tais diferenças devem-se às "melhorias" empreendidas por pessoas que as editoras consideraram "competentes" e, em alguns casos, promoveram "atualizações" na obra após a morte do autor. Alexandra Lima da Silva (2008) estuda os livros didáticos de História do Brasil produzidos na cidade do Rio de Janeiro no período de 1870 a 1924 com ênfase no circuito que se estabelece entre livreiros, autores e leitores e, deste modo, apresentam dados acerca das estratégias por meio das quais editoras e livros de sucesso, tais como a Francisco Alves e *História do Brasil* de João Ribeiro, controlaram o mercado durante décadas.

Segundo a autora, o pequeno número de escolas e de pessoas alfabetizadas no século XIX fazem com que o livro didático fosse produzido por intelectuais e dirigidos aos poucos alunos das escolas situadas nas regiões nobres e prestigiadas, uma situação que começa a alterar-se nas primeiras décadas do século XX com a significativa ampliação das redes de ensino e de comunicação. Neste período começaria a produção de livros didáticos de História do Brasil que tanto atendiam os alunos das escolas primárias e os mestres leigos dos pequenos estabelecimentos de ensino distantes dos bairros prestigiados (que usavam os livros didáticos para a própria formação), quanto os "homens simples do povo" que frequentavam cursos noturnos para adultos, projetos de instrução popular (alguns mantidos por "cidadãos filantropos") ou abriam-se ao autodidatismo (sem necessariamente frequentar os bancos escolares) face aos "novos grupos produtores (autores, educadores, jornalistas) e difusores (livrarias, bibliotecas, associações, escolas) de materiais impressos de natureza diversa (livros, folhetins, periódicos)" (p. 25). O público leitor de livros didáticos diversifica-se e o preço, formato, linguagem e conteúdo também precisam de adequações; assim, muitas editoras lançam diferentes versões da mesma obra: a cada nova edição diversifica o público leitor, aperfeiçoa técnicas gráficas, modifica capas e título, acrescenta novos pontos do programa de estudo sem modificar a abordagem de conteúdos ou a concepção histórica. Este parece ter sido o caso do livro *História do Brasil*, de João Ribeiro, que foi lançado em 1900 como parte das comemorações dos quatrocentos anos do descobrimento do Brasil; no mesmo ano estará na 7ª edição "revista e atualizada" (curso superior, adotado no Ginásio Nacional). Alexandra Lima da Silva afirma que, com alguma frequência, as editoras colocavam autores anônimos a serviço de autores de renome (p. 32).

Bittencourt (1993) informa que, como autor de livros didáticos, Ribeiro parece ter sido o preferido do editor Francisco Alves (p. 228), seu amigo pessoal. Ela transcreve o depoimento de João Ribeiro sobre o Francisco Alves que publicou uma boa parte de suas obras:

> "[...] o que o Alves estimava em mim era a minha vontade de trabalhar. Contribui muito mais do que 'uma gota d'água' pra sua caudalosa fortuna. Das suas 150 edições, dos meus livros didáticos correram e correm ainda muito perto de um milhão de exemplares. Mas... tudo isso foi a obra do editor. Em mãos de outro ou nas minhas, gramáticas e compêndios nada valeriam e disso fiquei certo por algumas experimentações decisivas.. Era o editor com seu serviço admirável de propaganda. Ele pagava o meu trabalho e em melhores condições que outros quaisquer Era dedicado, pronto, fiel, liberal." (*Apud* BITTENCOURT, 1993, p. 229)

As afirmações de Ribeiro são confirmadas pela análise de Bragança sobre a livraria editora fundada em 1854 e que, apesar das crises vivenciadas a partir da década de 1930 — quando a Editora Nacional (fundada por Monteiro Lobato) assume a liderança no controle do mercado de livros didáticos —, funciona até os dias de hoje. A livraria editora Francisco Alves foi a "primeira grande editora brasileira"(21) e muito contribuiu para a profissionalização do ofício de escritor no Brasil, pois, contrariando o hábito dos demais livreiros brasileiros do século XIX, estabelecia contratos editoriais e respeitava os interesses dos autores. Publicou um extenso catálogo de livros técnicos, jurídicos e literários; no entanto, o setor que mais fortemente impulsionou a livraria editora foi o livro escolar. Além da Francisco Alves, as demais editoras aperfeiçoam técnicas gráficas, modificam capas e título, acrescentam novos pontos do programa de estudo sem modificar a abordagem de conteúdos ou a concepção histórica a fim de atender/incentivar a demanda por livros de História (SILVA, 2008). A insistência da escola primária nas cartilhas e livros de leitura nos leva a supor que o sucesso editorial dos livros de história do Brasil destinados às crianças deve-se à sua inserção em círculos não formais de educação. Seja como for, a obra foi concebida para promover a formação inicial daqueles que dariam continuidade aos estudos nas escolas secundárias ou aos mestres. O prefácio redigido por Araripe Júnior(22), reproduzido na 14ª e na 15ª edições (1953 e 1954) e anteriormente citado, explicita a função da obra como a de auxiliar do docente nas aulas, fonte de pesquisa. Ou seja, ambas as obras (História do Brasil destinada à escola primária e a destinada à escola secundária) dirigem-se primeiramente ao mestre, pois comportam "coisas abstratas", "ideias gerais" (p. 12). A 15ª edição da obra *História do Brasil* também informa que 11ª edição foi "melhorada" e "aumentada" para melhor corresponder à expectativa dos mestres a partir das "correções que nos foram sugeridas pelos competentes" (p. 17). A 14ª edição foi igualmente revisada por Joaquim Ribeiro (*História do Brasil.* 15. ed. 1954. p. 19 e 20). Embora negue modificações radicais no texto, as duas edições a que tivemos acesso são bastante distintas e pudemos observar que na 15ª edição a maior parte dos capítulos ausentes na 2ª são redigidos com letra menor e o título dos mesmos parecem em itálico no índice, com a notável exceção do XII capítulo intitulado "A

(21) BRAGANÇA, Aníbal. A Francisco Alves no contexto da formação de uma indústria brasileira do livro. *I Seminário Brasileiro sobre Livro e História Editorial*, Realização: FCRB — UFF/PPGCOM — UFF/LIHED, 8 a 11 de novembro de 2004 — Casa de Rui Barbosa.

(22) A 15ª edição da obra destinada ao (curso superior informa que o Prefácio de Araripe data de junho de 1900); portanto, foi publicado desde as primeiras edições do livro.

República (1889-1953)" integralmente redigido por Joaquim Ribeiro na década de 1950. O contraponto sugere que ao dirigir-se ao professor e/ou aluno da escola primária os fatos ganham relevo em prejuízo de reflexões explicativas, ainda que ambas as obras apresentem mais ou menos o mesmo elenco de fatos organizados a partir de um esforço de situar os povos e suas culturas no espaço.

Não se pode afirmar muita coisa sobre a autoria das diferenças observadas nas versões a que tivemos acesso inscritas no mercado com cinquenta anos de distância — ou sobre o diálogo que estabelecem com públicos distintos (mestres ou alunos da escola primária e secundária). Ainda assim, insistimos em destacar que as obras apresentam-se como um resumo das pesquisas desenvolvidas acerca do passado nacional, narrativas informativas sem exercícios ou demais "estratégias pedagógicas" que visassem a aprendizagem.

Alexandra Lima da Silva destaca que no período de 1870-1924, os livros didáticos, além de "facilitadores do estudo," eram também "vulgarizadores de ideias e obras tidos como complexas" (p. 90). Neste sentido, o catálogo da Garnier para o ano de 1877 recomendava o livro *Lições de História do Brasil* para as classes primárias de Joaquim Manoel de Macedo "aos que principiam e não podem entrar em estudos substanciais, (tal) qual a obra de Roberto de Southey" (*apud* SILVA, 2008, p. 90). Assim, pode-se compreender que até 1870 os "compêndios" de História do Brasil eram obras densas, volumosas, destinadas aos alunos das escolas secundárias e ao professorado que compilavam estudos e pesquisas eruditas; estes livros não eram facilmente difundidos junto a um público leitor diversificado (p. 88). Daí a necessidade de se apresentar diferentes versões das obras conceituadas.

Comparando a maneira como a história do nosso passado colonial parece nas duas versões do livro *História do Brasil* (a destinada à escola primária e aquela destinada ao ensino secundário), observa-se no primeiro caso a abundância de detalhes que ajudam o leitor a compor mentalmente uma cena; observa-se também a exclusão de problematizações e de fatos relativos à história europeia. Assim, o livro começa com dados objetivos:

> "[...] no dia 9 de março de 1500 saia do Tejo em demanda da Índia para prosseguir na conquista encetada por Vasco da Gama uma grande armada de treze caravelas e mais de

> mil homens de guarnição. Propositalmente desviou-se do curso habitual, diz-se que para evitar as calmarias da costa africana e é possível crer também que também pelo instinto de novos descobrimentos a oeste que já os havia e eram sabidos de todos. Comandava a frota Pedro Alvarez Cabral, fidalgo e amigo de Vasco da Gama e por este recomendado a el-rei D. Manoel para sucedê-lo na conquista do oriente. Também fora experiência e conselho de Gama esse novo rumo, para oeste de terras africanas."

A amizade de Cabral com Vasco da Gama que o recomenda a el-rei parece explicar toda a expedição e, deste modo, a versão do livro dedicado à infância dispensa uma longa discussão sobre a intencionalidade do desvio da rota pela esquadra, as navegações portuguesas e as dúvidas que dividiam os historiadores. Na obra destinada ao ensino secundário, o descobrimento do Brasil apresenta-se a partir da atuação do "ciclo dos navegadores" do oeste e do sul (p. 30 e 33); os indígenas encontrados pelos europeus são apresentados ao leitor a partir da sua localização geográfica e de supostas correntes migratórias (p. 50 a 61) e, segundo as palavras de João Ribeiro na introdução publicada em 1900 e 1908, o livro delineou, a partir das "indicações vagas e inexatas" de Von Martius, "os focos de irradiação da cultura e civilizamento do pais": Pernambuco, Bahia, São Paulo, Maranhão (ou Para) seriam as "células fundamentais que por multiplicação formaram todo o tecido do Brasil antigo" (*História do Brasil*. 15. ed. 1954. p. 23). Acrescenta o autor que cada um destes "núcleos primitivos do organismo nacional" têm o seu sentimento característico:

> "[...] o da Bahia é o da religião e da tradição; o de Pernambuco é o do radicalismo republicano e extremo de todas as revoluções; o de São Paulo (Minas e Rio) é o liberalismo moderado (aclamação monárquica de Bueno, as 'províncias coligadas' que sustentaram a independência com a monarquia; etc.); o da Amazônia, demasiado indiano, é talvez o da separação como é no extremo Sul o Rio Grande (a formação recentíssima), demasiadamente platino." (*História do Brasil*. 15. ed. 1954. p. 23)

Em um estudo dedicado a Capistrano de Abreu, Daniel Mesquita destaca que o século XIX dedica particular importância a se compreender "um sentido para a História do Brasil", um fio condutor da formação da nação ou do 'sentimento nacional'[(23)] e Capistrano era reconhecido como alguém capaz de estabelecer esta narrativa (PEREIRA, p. 16). Entendendo *Capítulos de História Colonial* (1907) como sua obra síntese, o autor destaca que Capistrano, diferente de Varnhagem — que pretendia ver a nação brasileira como continuadora das tradições da metrópole —, afirma uma progressiva diferenciação entre portugueses e brasileiros: investigar a luta territorial e a formação dos caminhos significava estabelecer uma explicação para a ocupação do território, para a ligação entre seus diferentes espaços, para o avanço da civilização e recuo da barbárie" (p. 76). Embora João Ribeiro não tenha se destacado pela pesquisa rigorosa junto a fontes primárias como Capistrano e ficou reconhecido como eminente historiador justamente pelo esforço de realizar a síntese da história nacional a partir de pesquisas realizadas por outros intelectuais. Ribeiro parece estar certo ao afirmar:

> "[...] fui o primeiro a escrever integralmente a nossa história segundo a nova síntese. Ninguém antes de mim delineou os focos de irradiação da cultura e civilizamento do país; nenhum dos nossos historiadores ou cronistas seguiu outro caminho que o da cronologia e sucessão de governadores." (p. 23)

O próprio Ribeiro esclarece que a obra nasceu após um período de dois anos em que permaneceu na Alemanha, "comissionado pelo governo", estudando o ensino superior de História. Segundo Roosevelt A. Rocha Jr.[(24)], sob a "influência da *kulturgeschichte* germânica, da qual ele foi o maior divulgador no Brasil", Ribeiro rompe com o ponto de vista limitado que atribuía a História o papel de reconstruir os quadros da política e da administração dos tempos passados. Ainda que muitos dos historiadores que o precederam tivessem inovado os métodos e as orientações da pesquisa histórica, eram marcados pelas orientações de Ranke que atribuía à narrativa histórica o papel de reconstituir os quadros

(23) Também a história literária na qual se destaca Silvio Romero — parece marcada por esta preocupação.

(24) ROCHA JR., Roosevelt A. *João Ribeiro:* entre a história, a gramática e a filologia. Disponível em: <www.tilologia.org.br/revista/36/06.htm>.

da política. Em João Ribeiro, a História do Brasil deixou de ser a história dos governadores, vice-governadores e imperadores e deu visibilidade ao "povo brasileiro" (ROCHA JR.) e, talvez por este motivo, teve um percurso curioso: produzida como livro didático para a escola secundária (atendendo a proposta curricular do Pedro II para o ano de e as diretrizes do ensino observadas na Alemanha), tornou-se um clássico da historiografia nacional(25). Amparado em determinada filosofia da História, *História do Brasil* — curso superior — parece realizar uma síntese das pesquisas históricas monográficas (saber histórico produzido sob impulso do IHGB) de modo a torná-las acessíveis aos professores e alunos da escola secundária; assim, o "manual (seria) a carta de navegação pela qual o pior piloto pode levar o discípulo ao porto de destino" (RIBEIRO, J. *História do Brasil.* 14. ed. p. 9). O "porto seguro" parece ser o entendimento de que a nação brasileira constitui-se mediante lutas.

A mesma visão da ocupação do território nacional encontra-se na 2ª edição destinada à escola primária que se diferencia da outra pela ausência de capítulos inteiros e parágrafos; assim, é possível encontrar a 2ª edição (escola primária) na 15ª (destinada à secundária). Aparentemente, a confecção de diferentes versões era feita por adição ou subtração de parágrafos, respeitada sua interpretação da história pátria. O livro destinado ao ensino secundário divide-se em doze capítulos, os quais poderiam ser agrupados em dois blocos: o primeiro aborda o descobrimento, tribos indígenas e lutas entre europeus pela ocupação do território(26) (são 167 das 476 páginas do livro), e o outro, formação do Brasil com ênfase nas lutas e disputas(27). Segundo o autor:

---

(25) *O compêndio de história da literatura brasileira,* de autoria de Silvio Romero e João Ribeiro, também teve um percurso curioso: escrito para simplificar a *História da Literatura Brasileira* de Silvio Romero, não consta nos planos de ensino do colégio Pedro II (conferir a obra *Programa de Ensino da Escola Secundário Brasileiro* organizado por Ariclê Vechia e Karl M Lorenz que reproduz os planos de ensino do colégio entre os anos de 1850-1951).

(26) Capítulos: I — Descobrimento; II — Tentativa de unidade e organização da defesa; III — Luta pelo comércio livre e monopólio; IV — Preliminares. Domínio Espanhol; V — Invasão holandesa.

(27) Capítulos VI — Formação do Brasil (a — História comum); VII — Formação do Brasil (b — História local); VIII — Definição territorial do país; IX — Espírito de autonomia; X — O absolutismo e a revolução (1808-1817-1820); XI — Império: progressos da democracia (1822-1831-1888-1889); XII — República (1889-1953).

> "[...] sempre houve nos nossos movimentos de emancipação política duas correntes liberais separadas: uma dos mamelucos que desde o século XVII almeja em suas revoluções a república, o federalismo e mesmo o abolicionismo; a outra, a sociedade colonial latina e portuguesa, que faz o constitucionalismo, o império e com ele a centralização e a unidade.
>
> Esta última corrente tende a desaparecer da política pela progressão das raças nacionais; a independência foi para ela como que a supressão de suas fontes [...].
>
> A monarquia foi o último vestígio da sociedade e do liberalismo colonial [...] Daqui por diante [...] perdendo seus últimos preceptores, o Brasil terá de andar sozinho e desabituado do trabalho, ganhar o pão amargo da vida chamada independente (*História do Brasil.* 15. ed. 1954. p. 24)

Em fins do século XIX e início do século XX, não havia consenso em torno da ideia de que a disciplina história deveria estar presente na escola primária e Ribeiro era um dos poucos defensores da proposta. Amparada em Bruter e F. Furet, Toledo (2004) destaca que na história da educação francesa — aquela que mais fortemente desenvolveu debates em torno da escola pública, universal, gratuita, laica e obrigatória —, a Historia como disciplina escolar tem sua origem no estudo de humanidades nos colégios do antigo regime como parte dos estudos secundários destinados à formação das elites:

> "[...] não existindo como matéria específica, com programas e horários próprios, a História estava entre as letras antigas através do estudo de erudição e obras de autores latinos e gregos. Associada à Geografia, era considerada um exemplo especial de conhecimento necessário ao homem virtuoso, tinha a tarefa de auxiliar na educação clássica que consistia na 'formação do espírito que tende a desenvolver um certo número de qualidades, ou seja, a clareza do pensamento e da expressão; o rigor no encadeamento das ideias e proposições; o cuidado com a medida e o equilíbrio"; a adequação mais justa possível da língua à ideia [...]. A História consistia [...] em uma referência moral e religiosa."

A inserção da História no currículo da escola primária francesa é posterior à Revolução de 1789 e inscreve-se num movimento de laicização do ensino, de busca da democratização/universalização da escola primária e de apropriação dos conhecimentos históricos pela educação cívica, como veículo de transmissão de uma memória nacional e formação do cidadão. Face aos diferentes interesses políticos, ideológicos, religiosos, econômicos... várias propostas surgiram para definir as disciplinas, conteúdos e metodologia da escolarização popular. João Ribeiro publica um livro didático destinado à escola primária e, segundo Balthazar de Araújo Góis, "propunha um ensino primário dotado de história, geografia, ciências físicas e naturais, desenho e música" (*apud* F. REITAS)[28].

Balthazar de Araújo Góis publicou em 1905 suas *Apostilas de Pedagogia* pelo Instituto Histórico e Geográfico de Sergipe e, nesta obra analisada por Freitas, discorda de Ribeiro, pois defende a exclusão da disciplina História do currículo da escola primária. Ainda assim, afirma a necessidade de inseri-la no currículo das escolas normais para formar "boas professoras, boas esposas e boas mães", capazes de educar moralmente as crianças. A "mãe de família" deveria reunir "seus filhinhos" para contar "histórias morais e maravilhosas, com que estimulará sua vontade e encantará sua imaginação. Também as lendas e histórias dos membros da própria família e da circunscrição a que pertence, e do país natal, podem oferecer efeitos úteis, ações ilustres" capazes de despertar o "desejo natural de imitar esses belos modelos" (*apud* FREITAS). A boa professora, assim como a boa mãe, apresentaria o passado à criança como estratégia para "disciplinar as vontades e as inclinações".

Pode-se observar que o currículo escolar era objeto de debates na imprensa, nos meios intelectuais e na administração pública, havendo propostas para o ensino de História (como a de Balthazar de Araújo Góis e a de Rui Barbosa) que nos surpreendem. Tais propostas dialogam com aquele "bando de ideias novas" — para usar a expressão consagrada de Silvio Romero — que entra no Brasil na segunda metade do século XIX e coloca novos elementos para se pensar a modernização da sociedade e os projetos educacionais:

(28) Segundo Freitas, também Rousseau e Spencer excluíam o estudo da história da escola elementar. Para o primeiro, o passado deveria ser estudado na "idade da razão" e para o outro o conhecimento histórico somente teria importância para a "educação dos deveres políticos e sociais".

> "[...] inspirando-se em autores do século XIX europeu, as crenças básicas do liberalismo e do cientificismo tornam-se os pilares do esforço de elevar o Brasil ao nível do século. Isto é, pelas novas ideias, a inteligência brasileira pretende realizar a atualização histórica considerada ingenuamente como a forma de nossa realização nacional. A própria maneira de perceber e analisar a nossa realidade sociocultural é reflexo das últimas teorias importadas.
>
> [...] É uma fase rica de propostas de reformas de quase todas as instituições existentes. Mas de reformas que não partem da realidade, mas do modelo importado." (REIS FILHO, 1974).

Souza (2000) destaca que também Rui Barbosa confessa, no parecer acerca *da Reforma do ensino primário e várias instituições complementares da instrução pública (1883)*[(29)], sua "tendência em defender o ensino dessa disciplina na educação secundária e superior" face à dificuldade de adaptação do conhecimento histórico ao pensamento infantil. No entanto, "curva-se ao exemplo dos países civilizados onde a história, inseparável do ensino de geografia, fazia parte do ensino de primeiras letras". A autora destaca a incrível atualidade da sua sugestão: que o professor primário levasse o aluno a pesquisar "os fatos de sua vida pessoal, levando-o a entender o modo como esse passado é o que constitui a história":

(29) Em 1882, Rui Barbosa apresentou ao Parlamento brasileiro dois pareceres: um sobre a reforma do ensino secundário e superior e outro sobre o ensino primário. A publicação dos documentos, no entanto, data de 1883. Eles foram elaborados para servir de subsídio à discussão do projeto de Reforma do Ensino Primário e Secundário no município da Corte e Superior em todo o império em substituição à Reforma intitulada por Leôncio de Carvalho em 1879. Designado como relator da Comissão de Instrução Pública, Rui Barbosa buscou documentar fartamente o substitutivo; assim, o parecer sobre o ensino primário cita 365 trabalhos (muitos publicados entre os anos de 1880 e 1882): 179 em francês, 129 em inglês, 26 em português, 5 em alemão, 4 em italiano e S em espanhol. Deste modo, conclui Souza (2000), o Parecer sobre a Reforma do Ensino Primário pode ser tomado como representativo das ideias educacionais vigentes na época, seja no âmbito nacional ou internacional.
A autora destaca também que "muitas das concepções e propostas contidas no parecer foram adotadas nas reformas de instrução pública realizadas em várias províncias na década de 1880, e posteriormente pelos Estados nas primeiras reformas educacionais da era republicana".

> "[...] Um livro de per si só não aceitará como prova suficiente; mas se requererá o depoimento de pessoas que hajam sido testemunhas, medalhas, inscrições monumentais, etc. Exercícios desta natureza inclinarão o menino para o verdadeiro sentimento da História." (RUI BARBOSA *apud* SOUZA, 2000)

2.2. O livro Autores Contemporâneos (1923), escrito por João Ribeiro

Autores Contemporâneos é um livro didático constituído de excertos de obras literárias brasileiras e portuguesas, destinado ao ensino de língua portuguesa na escola secundária e exames preparatórios para o ingresso no ensino superior que teve inúmeras reedições nas primeiras décadas do século XX quando se discutia a adequação dos modelos e estilos literários e o Estado brasileiro não apresentava uma política linguística(30). De forma original, João Ribeiro busca afirmar a autonomia da língua e da literatura nacionais sem descartar as contribuições da antiguidade clássica e da retórica-poética. A obra *Autores Contemporâneos* — "livro adotado em vários institutos de ensino secundário e normais" (conforme informa a capa da 20ª edição datada de 1930) — e constituída de textos de autores brasileiros e portugueses do século XIX, "excluídos os vivos" (p. 8) à época da edição. Em mais de quatrocentas, páginas a 20ª edição "refundida, anotada e atualizada" disponibiliza oitenta e nove textos em tamanhos variáveis(31) para alunos da escola secundária na condição de exemplos do "bem falar" e o "bem escrever". A aceitação da obra, fica evidenciada pelo expressivo número de edições.

Marcia Razzini sustenta que a gradual inserção de textos de escritores brasileiros na escola secundária em substituição àqueles consagrados desde a antiguidade não descartou a preocupação de levar os alunos à apropriação de um estilo considerado correto/apropriado às ocasiões

(30) "Primeira edição saiu no ano 1923, sendo posteriormente reeditada durante no mínimo três décadas." (BULHÕES)

(31) Quarenta e nove textos foram escritor por brasileiros e os demais são de autores portugueses; a maior parte deles têm três ou quatro páginas.

formais e aos discursos públicos (posto pela retórica, "a arte de bem dizer", conforme a definição de Quintiliano). A eliminação da disciplina retórica do currículo (1892) não dispensa a tradicional preocupação de formar oradores e escritores; de desenvolver o caráter e as mais apuradas faculdades intelectuais. Nesse sentido, pode-se supor que a descrição (ementa?) da disciplina Português oferecida aos alunos do primeiro ano do Imperial Colégio do Pedro II em 1877 de certo modo contempla os objetivos postos pela disciplina Retórica em 1858 dirigida aos alunos do 6º ano, conforme os dados compilados por Vecchia e Lorenz:

> "RETÓRICA (1858): 'Princípios de retórica e poética, exemplificados com as melhores passagens dos autores antigos e modernos, especialmente Portugueses e Brasileiros' (VECCHIA; LORENZ, p. 52)
>
> PROGRAMA DO ENSINO DE PORTUGUÊS (1877): 'leitura e recitação de prosadores e poetas portugueses do século XVI; exposição do conteúdo de cada trecho por outras palavras. Exercícios ortográficos sob ditado para aplicação das regras de pontuação. Exercícios cacográficos para correção de vícios de linguagem em geral e especialmente para substituição de galicismos por palavras e frases de legítimo cunho português. [...]
>
> *Composição*: períodos a formar pelos alunos com pureza, propriedade e precisão de dicção, redação de escritos de uso mais frequente [...]; imitação de narrações, descrições e cartas, modelos em seu gênero a escolha do professor.
>
> LIVROS:
>
> *Gramática Portuguesa* por Julio Ribeiro;
>
> *Prosas Selectas* por José da Fonseca, última edição;
>
> *Selecta Nacional* por F. J. Caldas Aulete, 3ª parte (Poesia) (VECCHIA; LORENZ: p. 99)."

Acízelo de Souza (1999) afirma que o "modelo de educação dito humanístico" dominou no ocidente desde o século II a.C. até o século

XIX, quando "latim, grego, artes e letras perdem a posição de relevo para física, química, biologia, fisiologia, anatomia, psicologia, sociologia" (p. 23) e, no caso do Brasil, as "disciplinas literárias" encontraram no Segundo Reinado uma "rede institucional" capaz de lhe assegurar o mais alto prestígio público. O Colégio Pedro II — que contava com o apoio pessoal do imperador — representa a superação das iniciativas pedagógicas mais ou menos isoladas e dispersas do período colonial; ele oferece aos intelectuais público para seus livros e a oportunidade de exercício do magistério. A partir da análise dos planos de ensino do colégio, afirma que havia o embate entre duas vertentes de estudos literários a historicista de um lado e retórico-poética, de outro. O final do império correspondia, cronologicamente, à vitória da primeira:

> "[...] em 1850 a língua portuguesa está representada apenas pelos poemas épicos de Camões e Durão, os quais [...] figuram não por seus respectivos caracteres nacionais, mas por sua pertinência na ordem universalista do discurso; [...] figuram enquanto epopeias modalidade discursiva chancelada pelo universalismo retórico-poético —, não enquanto representantes da nacionalidade." (p. 33)

João Ribeiro, influenciado pelo historicismo, cientificismo e nacionalismo em voga no final do século XIX, contribuiu para inserir a realidade brasileira no currículo escolar (tal como Silvio Romero); no entanto, preservou apreço pelos "estudos clássicos", valorizou as aulas de latim e grego, escreveu/traduziu livro didático de história antiga e reuniu em *Selecta Clássica* (1905) textos escritos em língua portuguesa mantenedores da antiga tradição retórica ou inspirados nela. No seu entendimento, o século XVIII encerra o período clássico da literatura portuguesa face ao "influxo exagerado das letras francesas que então governavam o gosto universal da Europa" (*Selecta clássica*, p. 263) e por este motivo os prosadores mais admirados deste momento — cujas obras tiveram excetos reproduzidos no livro — "nada possuíam da correção e da perfeição clássicas, como Vemey e o Cavalleiro d'Oliveira, ou eram imitadores medíocres" (*Selecta clássica*, p. 263); já a era dos quinhentistas representariam uma fase áurea, pois "os poetas renovaram com a maior amplitude o vocabulário e a sintaxe latina" (p. 3). Neste sentido, ele informa o leitor, em notas de rodapé, o estilo dos autores:

> "— O doutor Antonio Ferreira (1527-1569), grande clássico, imitador e Horácio, e um dos que com maior cópia e erudição enriqueceram a língua." (p. 50)
>
> "— Luis de Camões, o príncipe dos poetas portugueses e o maior clássico [...]. Quase todas as suas expressões, construções, dizeres e neologismos tornaram-se comuns na linguagem literária e até na linguagem popular." (p. 54)

Segundo Ribeiro, o estilo de alguns textos reunidos em *Autores Contemporâneos* não eram "corretos no sentido clássico" (p. 340) e/ou empregavam uma "linguagem afrancesada" (p. 372), ainda assim muitos foram vistos como "magníficos" (p. 340). A linguagem de José Veríssimo, Castro Alves e Eça de Queiroz (dentre outros) aparece como exemplos de "vigor" ou "elegância", mas — para João Ribeiro — sua "imitação" requeria cuidados por tratar-se de um estilo pouco "puro, correto , clássico". Com relação a Pereira da Silva, afirma:

> "[...] o estilo do autor é assaz defeituoso, cheio de vocábulos franceses [...]. Quase todos esses defeitos formam as feições da linguagem descuidada das gazetas, e não é impossível que venham a predominar no estilo dos escritores futuros, como já se entrevê na literatura contemporânea. Que esse negligente estilo possa produzir um escritor de vulto, não padece dúvida; bastaria o exemplo de Eça de Queiroz, em que tais imperfeições são resgatadas pelo gênio do artista." (p. 340)

Em *Autores Contemporâneos,* as notas de roda pé pretendem-se "elucidativas, bibliográficas e gramaticais" (p. 9) e apresentam dados biográficos dos autores ou de pessoas citadas(32), considerações pessoais

(32) "Francisco de Monte Alverne, religioso franciscano, grande orador sagrado. Nasceu no Rio em 1784 e faleceu em Niterói em 1858. Em 1854 foram publicadas suas obras oratórias em 4 vols., com uma adição feita em 1867 [...]. Desde 1836 ficara privado da vista, mas, ainda assim, por vezes subiu ao púlpito" (p. 95); "o trecho e continuação do antecedente, extraído de *Elojia de Humboldt*. Alexandre de Humboldt, viajante e naturalista, grande sábio e naturalista alemão" (p. 132); José da Silva Carvalho, que foi chefe da revolução constitucional portuguesa no Porto, onde era auditor geral (p. 89), etc.

acerca da adequação do estilo ou de algum termo(33), pronúncia correta(34) e as origens de palavras ou expressões(35). A apresentação redigida para a 6ª edição destaca que a obra não "pretende [...] impor nenhuma norma nesta matéria (ortografia) que ainda hoje se discute e que são tam numerosas as divergências e tam desencontradas as opiniões" (p. 9) e, por isso, o livro conserva a "ortographia muitas vezes contraditória dos escritores contemporâneos" (p. 9). Os apontamentos de Ribeiro adotaram o sistema "sônico" simplificado proposto pela "Academia Brasileira" (p. 7), pois, no seu entendimento, este seria conveniente numa época caracterizada pela "extrema difusão da instrução popular" (p. 9); eles (os apontamentos) recomendam ao leitor esta reforma ortográfica (ABL) e cuidado com influências linguísticas diferentes do latim e do português clássico (empregado pelos autores quinhentistas). Segundo o ensaio "Da língua portuguesa com relação às línguas romanas congêneres", inserido como "introdução" do livro, o português — "dentre as línguas irmãs antigas" (p. 15) — é aquela que mais se aproxima do latim, pois os escritores que a empregam (embora pouco conhecidos nos demais países europeus)

---

(33) Monte Alverne distingue-se pela correção e pureza da linguagem (p. 95); "advirto ainda que a expressão juízo final (dia de juízo), ainda que bem formada, não parece ser muito popular nem muito portuguesa; em regra, nas formas comuns é primor da nossa língua o expressar-se sem adjetivos [...] Ainda como mesmo estilo diz o autor *prece dos morros* (pelos finados ou defuntos) palavras portuguesas, legítimas, é certo, mas com certo cunho de francesismo" (p. 121); "note-se que a linguagem do autor é excessivamente afrancesada: o abuso dos pronomes ou adjetivos *seu, sua,* do indefinido *um*, a ordem e construção sempre direta, logo revelam esse defeito de estilo" (p. 196); "nos últimos tempos generalizou-se o vício de dizer *por completo*, espanholismo inútil e desnecessário" (p. 79); "no período [...] há repetição abusiva do relativo *que*, que, embora tenha exemplos nos clássicos, não parece coisa digna de imitação" (p. 77); "sua linguagem (VISCONDE DE TAUNAY) é assaz correta o estilo de elegante simplicidade" (p. 387); "considero preferível a escrita *portuguez, francez,* a *português, francês* porque esta última toma indispensável o acento gráfico na vogal o que é mais uma alteração na palavra e porque o s é característica do plural [...] A Academia de Letras substituiu o z ao s nos casos apontados" (p. 75); "embora não prime por absoluta correção, a sua linguagem (CASTRO ALVES) é sempre admirável e os seus versos são ainda hoje os mais belos e perfeitos no gênero" (p. 385); "sua correção de linguagem (Rui Barbosa) toma-o o nosso clássico de maior prestígio" (p. 379); etc.

(34) "João Batista de Almeida Garret (pronuncie Garréte)." (p. 202)

(35) "*Eden* é voz hebraica que significa propriamente — deleite prazer e designa o *paraízo* terrestre; *paraízo* é palavra grega que [...] também existe em outras línguas orientais e significa —*jardim cercado*; foi tomado ao persa por Xenofonte e mais tarde aproveitada pelos escritores da igreja." (p. 123); etc.

sempre regressa às fontes da língua mãe, o latim (p. 31-32). Assim, a língua e a literatura portuguesa seriam ricos de exemplos e formulações passíveis de imitação e o texto de Odorico Mendes ("Camões defendido"), disponível em *Autores Contemporâneos* permitiria entender o porquê:

> "Os poetas aprendem uns com os outros; o que nada obsta ao talento e à força creadora; antes, como diz Mme de Staël, falando de Petrarca e de seus profundos estudos, conhecer muito serve para inventar, e o gênio é tanto mais original, quanto, semelhante às forças eternas, sabe estar presente em todos os séculos." (p. 353)

O *Ler e escrever* de Antonio Castilhos remete o leitor à ideia de um "tesouro comum de conhecimentos humanos" (p. 54) capaz de lançar o nome dos autores na imortalidade e de alterar a vida da comunidade, pois "tudo quanto os homens têm descoberto e inventado, para aumentar as suas forças, os seus cabedaes, a sua saúde, as suas virtudes, as suas relações de amor [...] tudo de muitos séculos para cá, se tem ido guardando nos livros" (p. 57). Dirigindo-se aos "amigos camponeses" (p. 54) afirma que a "população que sabe ler, e se lê, floresce mais, é mais pacífica e morigerada, mais unida e rica [...]" (p. 56); deste modo formula uma visão positiva (e ingênua) acerca da cultura erudita que talvez animasse os estudantes a rabiscar romances, poesias, discursos — tal como José de Alencar fazia aos treze anos — como informa sua autobiografia literária (*Como e porque sou romancista*)[(36)], também disponibilizada em *Autores Contemporâneos*. Além de estímulo e subsídios (sugestões quanto ao estilo, ortografia, figuras de linguagem) para a produção pessoal, o livro cumpre a função informativa, pois através de seus textos o estudante poderia aprimorar seus conhecimentos sobre história, geografia, folclore, etc.

Não se pretende discutir os erros/acertos pedagógicos, linguísticos, historiográficos, estéticos, políticos de Ribeiro ou os motivos do seu esquecimento pelos atuais estudiosos; do ponto de vista da história

(36) "Um ano depois parti para São Paulo [...] Com a minha bagagem [...] iam uns cadernos escritos com letra miúda e conchegada. Era o meu tesouro literário" (p. 296). Aos 18 anos os manuscritos ainda eram considerados um tesouro tão precioso que os trancava na cômoda: "dahi um dasalmado hóspede todas as noites, quando queria pitar arrancava uma folha que torcia a modo de pavio e acendia na vela" (p. 308).

da educação e da cultura, a importância dos seus "compêndios" para a formação de diferentes gerações e o prestígio intelectual que gozou em sua época — por si — justificam o resgate de suas obras. Sem discutir o mérito de suas reflexões filológicas, pode-se, no entanto, recuperar as apreciações de Mattoso Camara Jr.[37] para quem Ribeiro representou um "pesquisador sereno e honesto de uma ordem de fatos sociais — os fatos da língua" (p. 24) e apresentou "incoerências doutrinárias" decorrentes desta condição (estudioso honesto). Este seria o caso da vigência, em *Autores Contemporâneos*, de diferentes sistemas ortográficos — o dos autores dos excertos e o da Academia Brasileira de Letras, adotado por João Ribeiro, nos comentários. Mattoso Câmara Jr. retoma o "chavão tradicional" que define a gramática (descritiva) como a arte de ensinar a falar e a escrever corretamente, de forma polida segundo o uso das pessoas doutas (p. 26-27) e completa:

> "Ora, ao gramático tem de se exigir um mínimo de sistematização coerente, onde os princípios se enquadrem de maneira harmônica e rigorosa. E se aceitarmos esse ponto de partida, temos de reconhecer que João Ribeiro era pouco gramático não por falta de perspicácia gramatical (que a tinha muito grande), mas por tendência mental de pesquisador curioso e assistemático. Repugnava-lhe o espírito geométrico." (p. 25)

A inscrição da língua em processo de constantes transformações compromete a missão — posta aos gramáticos — de explicitar as regras da linguagem polida, a definição de um modelo. Deste modo, o conceito de "correção da linguagem" e o ideal de "língua pura" — constante fonte de perplexidade para os estudiosos mais esclarecidos de diferentes gerações, segundo Mattoso Câmara Jr. — encontra formulações originais, a partir da ideia (também presente em Silvio Romero) de que a língua e a literatura brasileiras são bens nacionais, que gradualmente se distinguem da matriz lusa. Mais do que uma constatação, o autor pontua a necessidade "de afirmar a existência de uma língua do Estado" (RIBEIRO, J. A língua nacional. In: *Trechos escolhidos*, p. 22), questão que segundo ele coloca-se a todos os países americanos:

(37) Para Baldini (2005), Mattoso Câmara Jr. (1904-1970) é o primeiro linguista brasileiro.

> "[...] muitos dos nossos brasileirismos, e muito da nossa gramática, não passam de arcaísmos preservados na América.
>
> Sob vários aspectos, como se verifica na questão ortográfica, somos tradicionalistas, ou antes, somos indiferentes à evolução de além-mar.
>
> Isso não é um antagonismo irrefletido (o que seria novo artificio), é a consciência de que já possuímos os fundamentos de evolução própria, nova e independente.
>
> No dia em que não nos compreenderem façam glossários e se o quiserem, traduzem os escritores americanos.
>
> Certamente não chegaremos a esse extremo de diferenciação.
>
> A verdade, entretanto, é que normalmente dois seres não realizam a sua própria evolução, agarrados como xifópagos, um às carnes do outro.
>
> Em qualquer caso, livre-nos Deus dessa teratologia." (RIBEIRO, J. A língua nacional. In: *Trechos escolhidos,* p. 25).

Para Ribeiro, herdamos de Portugal uma escrita extremamente latina (*Autores contemporâneos,* p. 41) e durante muito tempo, no Brasil, "escrever bem não seria senão escrever segundo os cânones europeus" (RIBEIRO, J. José de Alencar e a linguagem diferencial do Brasil. In: *Trechos escolhidos,* p. 44) — daí as críticas que Alencar recebeu em sua época. A difusão da instrução popular e a defesa da autonomia dos países americanos em termos de linguagem são defendidos pelo autor que, por outro lado, valoriza a "formação clássica":

> "[...] então, a leitura, transposta a séculos, é decerto uma arte difícil e para poucos [...].
>
> Os livros antigos, não só a Odisseia ou a Eneida, mas falo dos clássicos da nossa língua, exigem e requerem essas necessárias transfigurações [...]

Não são pois o alimento comum da turba que lê a salário e jornal, dia por dia, a qual se vê para diante, também não vê para trás, que tudo é um, e é a mesma cegueira.

> [...] Não podem pois ser devorados num trago como os livros de hoje improvisados num lanço. Aquilo que com vagar se compôs [...] guarda sempre coisas e ideias, subentendidas, elipses e segredos mentais [...] sentimentos inescritos, outrora claros, hoje invisíveis [...]
>
> Naquele evo, a medida era outra e outra era a balança do mundo [...]
>
> É só assim, quem faça a experiência d'alma daquele tempo, é que os clássicos poderão ser exemplares de clareza e suavidade." (RIBEIRO, J. Como versar os clássicos? In: *Trechos escolhidos*, p. 64-65)

Pessoalmente, Ribeiro insere-se no pequeno grupo daqueles que sentem falta do "ar, da atmosfera própria em que viveram os grandes escritores da nossa língua" (RIBEIRO, J. Como versar os clássicos? In: *Trechos escolhidos*, p. 63), embora afirme compreender as razões daqueles que não apreciam este tipo de leitura. Naquela época, a escola secundária na qual trabalhou e para a qual produziu compêndios atendia a um número muito reduzidos de alunos que buscavam esta "formação superior" e dos quais esperava-se uma produção literária(38). A expectativa de Ribeiro, no entanto, era de que nossa literatura denotasse a autonomia política face a Portugal. Nesse sentido, pode-se compreender a recusa à reforma ortográfica portuguesa:

> "[...] conservamos e defendemos a ortografia simplificada (da ABL).
>
> Depois daquela 6ª edição (de *Autores Contemporâneos*) apareceu a reforma oficial portuguesa feita por uma comissão

(38) No século XIX os egressos do Colégio Pedro II portavam o título de bacharel em letras. No Brasil, a criação do curso de letras, em nível superior, data da década de 1930.

> de homens sem dúvida muito competentes [...]. O Brasil não aceitou essa reforma portuguesa, e são muito poucos os mestres que entre nós a praticam sendo que na maior parte são professores que nada ou pouco escrevem para o público e para a imprensa.
>
> Continuamos a aceitar em princípio, como sendo a melhor, e a mais perfeita, a reforma realizada pela Academia Brasileira [...].
>
> A ortografia portuguesa, reformada, cria novas dificuldades etimológicas que já estavam resolvidas no sistema usual [...]." (RIBEIRO, João. Prólogo. *Autores contemporâneos*, p. 7)

Segundo Razzini, "os primeiros decretos oficiais que regulamentam a ortografia portuguesa são do século XX, de 1911 em Portugal e de 1931 no Brasil" (p. 42) e na ausência de uma padronização — ou uma política linguística por parte do Estado brasileiro — transferia-se para os dicionários, gramáticas, seletas literárias, manuais de retórica e livros didáticos de um modo geral a função de definir a ortografia portuguesa (e nem sempre havia concordância entre os autores). As propostas originavamse em múltiplos círculos muitos deles voltados para discussões que não as estritamente literárias e educacionais:

> "[...] os positivistas do Rio (de Janeiro) adotaram certa ortografia fonética que convencionaram; nela se encontram modificações úteis ao lado de outras demasiado inúteis; o exemplo teria talvez grande prestígio se não fizesse recordar uma filosofia religiosa e política, se não fosse tão extremado e radical, e se se limitasse por exemplo a excluir letras dobradas (exceto *rr* e *ss*), banir o *y* e o *h* (exceto em *nh*, *lh*) e os grupos gregos *ph*, *th*..." (RIBEIRO, J. *Autores contemporâneos*, p. 40).

João Ribeiro defende a autonomia da língua nacional, pessoalmente adota a ortografia proposta pela Academia Brasileira de Letras — entendida como uma "corporação" cujo prestígio deve trabalhar "pela uniformidade da linguagem escrita" (RIBEIRO, João. *Autores contempo-*

râneos, p. 37) —; preserva a ortografia dos autores dos excertos, mas, a partir do "cânone clássico" e do sistema ortográfico da ABL, aponta "incorreções" ou falta de "pureza" na linguagem de alguns deles. O critério justificar-se-ia pela ideia de que a língua portuguesa mantém-se próxima à latina e de que muitas críticas dirigidas pelos portugueses a escritores brasileiros incidem sobre expressões do português arcaico preservados na América mais distanciada da influência francesa (segundo ele).

Bibliografia

ACÍZELO DE SOUZA, Roberto. *O império da eloquência:* retórica e poética no Brasil oitocentista. Rio de Janeiro: EdUERJ, 1999.

BALDINI, Lauro J. S. *Um linguista na terra da gramática.* Tese de Doutoramento. Campinas: Unicamp, 2005.

BITTENCOURT, Circe F. *Livro didático e conhecimento histórico:* uma história do saber escolar. Tese de Doutoramento apresentada ao Departamento de História da FFLCH-USP, 1993.

BRAGANÇA, Aníbal. A Francisco Alves no contexto da formação de uma indústria brasileira do livro. *I Seminário Brasileira sobre Livro e História Editorial.*

BULHÕES, Ricardo M. Autores contemporâneos: o ensino de literatura nas primeiras décadas do século XIX. In: *InterMeio: Revista do Programa de Pós-Graduação em Educação,* Campo Grande, v. 16, n. 31, p. 156-168, jan./jul. 2010.

BURKE, Peter. *Heu domine, adsunt turcae*: esboço para uma história social do latim pós-medieval. In: *Linguagem, indivíduo e sociedade* — história social da linguagem. São Paulo: Unesp, 1993.

CHEVEL, A. História das disciplinas escolares, reflexões sobre um campo de pesquisa. *Teoria & Educação,* Porto Alegre, n. 2, 1990.

CHARTIER, Roger. *A história cultural:* entre práticas e representações. Lisboa: Difel, 1988.

GASPARELLO, Arlette Medeiros. *Construtores de Identidades:* a pedagogia da nação nos livros didáticos da escola secundária brasileira. São Paulo: Iglu, 2004.

GOMES, Angela de Castro. *História e historiadores:* a política cultural do Estado Novo. Rio de Janeiro: FGV, 1996.

GUSMÃO, Emery M. João Ribeiro: autor de livros didáticos de história e de língua portuguesa. *Anais do Congresso Brasileiro de História da Educação,* Goiânia, 2006.

______. A literatura escolar como síntese das pesquisas históricas a História do Brasil de João Ribeiro (1860-1934). *Anais do XX Encontro Regional de História ANPUH*, Franca, 2010.

JULIA, Dominique. A cultura escolar como objeto histórico. *Revista Brasileira de História da Educação*, n. I, p. 9-43, jan./jul. 2001.

LAJOLO, Mansa. *Usos e abusos da literatura na escola:* Bilac e a literatura escolar na República Velha. Rio de Janeiro: Globo, 1982.

MATTOSO CÂMARA JR., J. As ideias gramaticais de João Ribeiro. *Palestra na Academia Brasileira de Filologia,* em 27 de agosto de 1960.

MELO, Ciro Flavio de Castro Bandeira de. *Senhores da história* — a construção do Brasil em dois manuais didáticos de história na segunda metade do século XIX. São Paulo: USP. Tese apresentada à Faculdade de Educação.

PEREIRA, D. M. *Descobrimentos de Capistrano — a história do Brasil a grandes traços e largas malhas*. Tese de Doutoramento em História. Rio de Janeiro: PUC-RJ, 2002.

RAZZINI, Márcia de Paula Gregório. *O espelho da nação:* a antologia nacional e o ensino de português e de literatura (1838-1971). Tese apresentada ao Instituto de Estudos da Linguagem. Campinas: Unicamp, 2000.

RIBEIRO, João. *Autores contemporâneos* — excerptos de escriptores brazileiros e portuguezes contemporâneos (livro adoptado em vários institutos de ensino secundário e escolas normaes). 20. ed. ref. annot. e actual. Rio de Janeiro: Livraria Francisco Alves, 1930.

______. *O elemento negro* — história, folclore, linguística. Rio de Janeiro: Record, s/d.

______. *História do Brasil* — curso superior. 14. ed. rev. e comentada por Joaquim Ribeiro. Rio de Janeiro: São José, 1953.

______. *História do Brasil* — curso superior. 15. ed. rev. e comentada por Joaquim Ribeiro. Rio de Janeiro: São José, 1954.

______. *História do Brasil* — edição das escolas primárias. Rio de Janeiro: Francisco Alves, 1900.

______. *A língua nacional notas aproveitáveis*. 2. ed. São Paulo: Nacional, 1933.

______. *Obras de João Ribeiro. Crítica*. Rio de Janeiro: Publicações da Academia Brasileira de Letras, 1961. v. V: Filólogos.

______. *Trechos Escolhidos*. Rio de Janeiro: Agir, 1960.

RIBEIRO, João; ROMERO, Silvio. *Compêndio de história da literatura brasileira.* Rio de Janeiro: Imago; Universidade Federal do Sergipe, 2001 (edição comemorativa).

ROCHA JR., Roosevelt A. *João Ribeiro:* entre a história, a gramática e a filologia. Disponível em: <www.filologia.org.br/revista/36/06.htm>.

SILVA, Alexandra Lima da. *Ensino e mercado editorial de livros didáticos de História do Brasil Rio de Janeiro (1870-1924).* Dissertação de Mestrado, UFF, 2008.

TAVARES, Jane C. *A congregação do Colégio Pedro II e os debates sobre o ensino de matemática.* Mestrado em Educação Matemática. PUC-SP, 2002.

VECHIA, Aricle; LORENZ, Karl M. (orgs.) *Programa de Ensino da Escola Secundária 1850-1951*. Curitiba: Editora do Autor, 1998.

3

Os Conteúdos Clássicos no Currículo da Escola Secundária Brasileira

Emery Marques Gusmão

Num mundo crescentemente globalizado, disposto a discutir propostas de padronização dos currículos em que os diplomas sejam reconhecidos e válidos em territórios que ultrapassam as fronteiras nacionais, disciplinas cujos conteúdos contribuíram para a afirmação da identidade dos países no século XX (particularmente a história e a literatura nacionais) tornam-se problemáticas e alguns (como J. Meyer) propõem a valorização de uma abordagem mais biológica do homem e do mundo. Com o objetivo de apresentar subsídios para este debate, apresentaremos os resultados de uma pesquisa histórica acerca do currículo da escola secundária brasileira entre os anos de 1870 e 1930, quando se trava a luta pela redução da carga horária das disciplinas que contemplam os conteúdos clássicos (língua, literatura e história gregas e latinas — além das disciplinas voltadas para o ensino de retórica) em favor dos conteúdos "nacionais" (língua, literatura, história, geografia do Brasil) e das modernas disciplinas científicas (física, química, etc.). Nossas fontes primárias são os planos de ensino do Colégio Pedro II, localizado na cidade do Rio de Janeiro (então capital do país) e alguns livros didáticos presentes na bibliografia dos planos. Observamos que a valorização da História do Brasil, de fato, não se distancia de projetos (e de certo romantismo) nacionalistas na mesma medida em que o apreço pela história antiga e medieval — naquele momento —inscreve-se num esforço de inserir a história e a cultura brasileiras na civilização latino-cristã. Alguns professores do Colégio (João Ribeiro, Silvio Romero, etc.) nutriam forte apreço pela cultura e pela experiência educativa alemã/prussiana (muito valorizada pelo rigor e densidade) enquanto as Escolas Normais (particularmente aquelas localizadas em São Paulo) parecem fortemente influenciadas pelo modelo educativo dos norte-americanos; tais dados podem nos ajudar a pensar/interpretar o fato de que a história da América não se insere no currículo da escola secundária naquele momento, embora livro didático de *História da América* tenha alguma aceitação nas escolas normais.

Antonio Ferreira e Ariclê Vecchia empreenderam um estudo comparativo, centrado no século XIX, sobre as instituições reconhecidas como referência no ensino secundário em Portugal e no Brasil, o Liceu de Coimbra e o Colégio Pedro II. Os autores vislumbram semelhanças nos planos de estudos de ambos os estabelecimentos quando considerados globalmente; esse dado reitera a interpretação de J. Meyer que indica a uniformidade nos currículos e reformas de instrução em diferentes países. Para explicar o fenômeno, destaca o prestígio de certos modelos educativos que tornam-se referência para governos, intelectuais e professores de várias nações e, mais especificamente no século XX, a pressão das agências externas de financiamento. Ainda que os textos abordem prioritariamente períodos históricos distintos (séculos XIX e XX), colocam a viabilidade de se buscar a circularidade de noções e paradigmas educativos entre nações e de se perceber no currículo escolar o esforço de afirmar/inserir a história e a cultura do Brasil em matrizes pedagógicas/culturais/civilizatórias distintas: a civilização latino-cristã, o pragmatismo norte-americano, a modernidade cosmopolita, a erudição germânica. Experiências e tendências internacionais inspiraram propostas para a educação brasileira, muitas das quais divergentes e concorrentes entre si.

A partir desta ideia, buscaremos compreender o lugar dos "estudos clássicos" no currículo da escola secundária brasileira entre os anos de 1870-1930, tomando como fontes primárias da pesquisa os planos de ensino do Colégio Pedro II localizado na cidade do Rio de Janeiro. Os documentos consultados foram publicados em um único livro organizado por Vecchia e Lorenz (1998) que disponibiliza dos programas de 1850 a 1951:

> "[...] pode-se afirmar que representam, em certa medida, os programas do ensino secundário oficial, tendo-se em vista que o referido colégio era considerado modelo para os outros estabelecimentos secundários do país.
>
> [...]
>
> Em pouco mais de cem anos de existência o currículo desse estabelecimento escolar foi alterado pelo menos vinte e uma vezes. A cada reforma curricular, um novo programa de ensino era organizado de acordo com as diretrizes traçadas.
>
> [...]
>
> A implementação de cada programa ocorreu, na maioria das vezes, no mesmo ano ou no ano seguinte ao da reforma." (p. vii-viii)

Trabalhamos com os programas de ensino dos anos de 1877, 1879, 1882, 1892, 1893, 1895, 1898, 1912, 1915, 1926 e 1929, um período em que, tanto no Brasil quanto em Portugal, "fazia-se sentir a controvérsia sobre a relação da importância do ensino de humanidades em face do ensino de ciência" (FERREIRA; VECHIA, 2004, p. 5). Segundo os autores:

> "[...] tratava-se de equacionar o que mais interessava à educação [...]: se propiciar uma formação fundada num forte

> domínio da palavra, que tanto havia ajudado a cimentar o poder burguês, se buscar um conhecimento científico, que parecia vir prometer níveis de desenvolvimento nunca visto antes." (FERREIRA; VECHIA, 2004, p. 15)

Gradualmente, cresce o número de aulas das disciplinas científicas na escola secundária brasileira face à redução da carga horária e da reestruturação dos conteúdos das humanidades. Ferreira e Vechia destacam que o Liceu de Coimbra surgiu a partir do Colégio das Artes (em funcionamento desde 1547) e incorporou muitos professores da antiga instituição; assim, no momento da sua criação (1836), cumpria dupla função: a) preparar os alunos que aspirassem a continuidade dos estudos nos cursos superiores; b) oferecer os conhecimentos necessários àqueles que pretendiam exercer cargos públicos, atividades comerciais e industriais (p. 7). A carga horária das disciplinas científicas modernas era muito maior que a do Colégio Pedro II e, em Portugal, os conteúdos humanísticos enfatizavam o estudo da *Língua Portuguesa, sua Gramática e sua Literatura* (p. 7). Os primeiros planos da instituição brasileira reservavam 73% da carga horária total aos estudos humanísticos e, destes, 33% era atribuída ao estudo do latim(39). Ao longo do tempo, particularmente no século XX, quando se busca aproximar a escola da realidade do aluno, a antiguidade clássica quase desaparece do currículo — uma tendência geral apontada por O. M. Carpeaux(40) em um texto não acadêmico que

(39) No Brasil, as aulas de latim foram definitivamente excluídas da educação básica em 1971.

(40) Após afirmar a convicção pessoal de que os valores das literaturas antigas "vivem conosco e ainda nos ajudam para viver uma existência realmente humana", completa: "Essa convicção encontra no mundo de hoje muita indiferença e muita hostilidade. Há quem considere os gregos e os romanos antigos definitivamente enterrados e sem significação nenhuma para nossa vida moderna. Mas o que vem a ser 'moderno'? Que é que distingue a nossa modernidade da então modernidade de 1700 ou de 1800, quando a antiguidade greco-romana ainda estava indiscutida? A diferença é a revolução tecnológica [...] Temos de aceitá-la. Mas também temos plena consciência dos perigos dela [...] a transformação dos próprios homens em máquinas. [...] Mas onde encontrarmos, fora de uma religião, que também já fez as suas pazes com esse mundo, valores capazes de nos lembrar, com eficácia, nossa substância humana? Ouso responder, citando uma palavra que hoje também já passa por obsoleta: Humanismo." (CARPEAUX, p. 7 e 8).
Hoje, as propostas curriculares para o ensino de história no Brasil procuram romper com o "eurocentrismo" e priorizam o estudo da realidade nacional.

visa divulgar a literatura antiga. Para Ferreira e Vechia, a maior valorização dos estudos clássicos na escola brasileira que na portuguesa pode ser remetida ao fato de que não havia na América larga tradição na língua, cultura e literatura (p. 9); no entanto, não se deve subestimar o caráter nacionalista do currículo escolar. Como destaca Antonio Nóvoa, as escolas são construídas mais para sociedades imaginadas que para sociedades reais e a ação dos currículos não se limita à construção da ideia de cidadania nacional, pois constrói também a imagem de subjetividades cosmopolitas que atravessam fronteiras (p. 170). Neste sentido, pode-se visualizar no currículo da escola secundária brasileira no século XIX o empenho de inscrever a história e a cultura brasileiras na civilização cristã-latina. Para João Ribeiro — autor de muitos livros didáticos utilizados no colégio e professor na instituição —, a influência cultural francesa nos tempos modernos enfraqueceu o prestígio da cultura antiga e Portugal (mais que o periférico Brasil) estava aberto ao estilo, linguagem e cultura da França; assim, sustenta que o português clássico foi mais conservado no Brasil que em Portugal.

Os planos de ensino do ano de 1898[41] separam os conteúdos "clássicos" dos "realistas" nos 2º, 3º, 4º, 5º e 6º anos[42] do curso — a evidenciar a importância do embate um os saberes modernos e tradicionais —; no entanto, a história antiga e o estudo do português clássico são inscritos no "curso realista". Os conteúdos *curriculum* foram distribuídos da seguinte forma:

- **curso realista:** aritmética; álgebra; cálculo e geometria descritiva; geometria; trigonometria; mecânica e astronomia; mineralogia, geologia e meteorologia; biologia; física e química; português; inglês; francês; alemão; geografia (geral e do Brasil); cosmografia; botânica e zoologia; história (universal e do Brasil); desenho; música e ginástica;

(41) "Programas provisórios do Gynasio Nacional para o ano letivo de 1898, organizado de acordo com o Regulamento n. 2.857, de 30 de março de 1898" (p. 162).
Os demais planos de ensino (referentes aos anos de 1879, 1882, 1892, 1893, 1895, 1912, 1915, 1926 e 1929) não diferenciam o curso clássico do realista.

(42) Os planos do 1º ano do curso não indicam aulas de grego ou latim e não diferenciam o "curso clássico" do "curso realista".
No 7º ano do curso, todo o conteúdo estudado — inclusive as aulas de grego e de latim — são incluídos no curso clássico.
Por esse motivo, desconsideramos o 1º e 7º anos.

— **curso clássico:** língua e literatura latinas; língua e literatura gregas.

A contraposição realista x clássico sugere que o estudo das línguas e literaturas antigas não se adequam à realidade nacional? A bibliografia dos cursos de latim e grego indicavam além das gramáticas e dos dicionários, a leitura dos próprios autores antigos: Phedro (*Fabulas*), Ovídio (*Metamorfoses escolhidas*), Cesar (*De bello gallico*), Virgílio (*Georgicas e Eneida*), Cícero (*obras completas*), Horácio (*Odes, Satiras, Epistolas*), Luciano (*Diálogo dos mortos*), Xenofonte (*Anabasis*), Plauto (*Comédias*), Terêncio (*Comédias*), Seneca (*Tragédias*), etc. Tais obras apresentavam modelos de bem falar/escrever e de homem ideal — capaz de praticar a virtude.

Talvez se possa pensar que o currículo denso no ensino secundário — a um só tempo? — prestigiava este nível de ensino e justificava o seu caráter facultativo[43]. Em contrapartida, as instituições de ensino superior apontavam os exames parcelados como vilão do ensino secundário e lamentavam a má formação dos jovens aprovados:

> "Enquanto hoje são as universidades que preparam e corrigem seus exames vestibulares, durante o segundo império e república velha eram os colégios e liceus públicos (e, às vezes, particulares) que ofereciam a infraestrutura para a realização dos exames preparatórios, quer seja no uso das instalações que serviam de local de exames, quer seja no recrutamento dos docentes, como examinadores sob a supervisão de diretores, inspetores de instrução pública ou algum representante do governo.
>
> Ser nomeado examinador dos preparatórios significava quase sempre ter poder frente ao clientelismo e, às vezes, ter sucesso financeiro como professor." (RAZZINI, p. 26)

Se consideramos adequada a análise de Razzini, segundo a qual "o sistema educacional brasileiro facilitava o acesso da elite aos cursos superiores, seja com a não obrigatoriedade da conclusão do curso se-

(43) O currículo seriado e a frequência obrigatória instituíram-se no Brasil em 1931.

cundário, seja com exames de ingresso pouco sérios" (p. 30), precisamos também enfatizar o caráter político dos conteúdos sugeridos pelos planos de ensino e livros didáticos do Colégio Pedro II[(44)] que denotam mais um ideal de erudição que a real formação dos jovens que ingressavam no ensino superior. O prefácio escrito por João Ribeiro para a primeira edição da obra *História Universal* sugere que ele escrevia para alunos da escola secundária e demais candidatos ao ensino superior:

> "Acreditamos haver reunido de boa-fé os materiais de um resumo aceitável de História Universal e que poderá prestar algum serviço aos estudantes e aos examinandos da matéria; por isso mesmo não nos afastamos do programa de 1918 do Colégio Pedro II, instituto modelar entre os seus congêneres do ensino secundário. Foi esse o nosso único instituído." (RIBEIRO, João. Advertência. In: *História universal*. 3ª ed. Rio de Janeiro: Jacinto Ribeiro dos Santos, 1922. p. II)

Pode-se supor que, na condição de autodidatas, aqueles que não se preparavam "adequadamente" nos estudos propedêuticos poderiam realizar posteriormente (por desejo pessoal de aprimoramento) as leituras sugeridas pelo currículo da escola secundária e exames parcelados para ingresso no ensino superior[(45)]. Para Cardoso, a História da Literatura Brasileira "se não nasceu, certamente se desenvolveu, adquirindo os moldes que hoje lhes são característicos, na escola e para a escola" — interpretação interessante que evidencia particularidades do cenário cultural do Rio de Janeiro naquele momento. Os professores do Colégio Pedro II, em sua maioria, eram também intelectuais atuantes da Academia Brasileira de Letras e do Instituto Histórico e Geográfico — instituições respeitadas no

(44) "O currículo e os compêndios adotados no Colégio Pedro II converteram-se em referência dos decretos que regulamentavam os exames preparatórios e o ensino secundário nacional. Sua execução pelas outras escolas secundárias públicas ou particulares tornou-se obrigatória para que estas tivessem 'a equiparação' [...] e, consequentemente, gozassem dos mesmos privilégios do Colégio Pedro II, ou seja, de realizar exames preparatório que valessem para matrícula nos cursos superiores." (RAZZINI, p. 26-27)

(45) O autodidatismo é característica formação da intelectualidade brasileira atuante no período anterior a 1930 (cf. CANDIDO; MICELLI).

âmbito da cultura literária e histórica —; ou seja Silvio Romero, Capistrano de Abreu, João Ribeiro (dentre outros) eram a um só tempo produtores de cultura erudita e escolar(46). A meu ver, preocuparam-se em inserir no currículo escolar conteúdos que ajudariam a formar as futuras gerações de jornalistas, escritores, críticos, historiadores, etc.(47).

No campo da literatura brasileira, a primeira grande afronta ao estilo clássico de falar e de escrever deve-se ao movimento modernista — responsável pela organização Semana de 1922, que zombava dos escritores consagrados por este cânone; muitos textos didáticos produzidos por intelectuais renomados (e ridicularizados pelos modernistas) em fins do século XIX e início do XX com o objetivo de nacionalizar o currículo sem romper com a tradição clássica permaneceram na escola brasileira até a década de 1960 como referência de erudição para diferentes gerações de professores e de alunos. Com a "modernização dos currículos" promovida pela ditadura militar a partir do tecnicismo norte-americano, o estilo clássico de autores como João Ribeiro, Olavo Bilac e Coelho Neto — há muito questionados pela cultura erudita (literária e historiográfica) — são vistos como antiquados(48). Esta imagem se mantém no período atual com poucas alterações(49) e justifica o esquecimento/desconhecimento,

(46) A partir da década de 1930 são raros os intelectuais atuantes na educação básica como professores ou como autores de livros didáticos.

(47) Daí o caráter elitista da escola secundária brasileira que se manteve, com maior ou menor intensidade, até o final da ditadura militar (1984). A partir desta data vários grupos sociais têm acesso a este nível de ensino que a atual legislação insere na educação básica; este fenômeno, particularmente forte na passagem do século XX para o XXI, ajuda a compreender a democratização do ensino superior em curso atualmente.

(48) Em carta dirigida a Prudente de Morais (neto), o modernista António de Alcântara Machado manifesta-se surpreso com o fato de João Ribeiro apoiar o modernismo: "de repente pula um velhinho da trincheira do inimigo de diz — 'vocês estão certos'". (MACHADO, António de Alcântara. *Pressão afetiva e aquecimento intelectual:* cartas de António de Alcântara Machado a Prudente de Moraes Neto (1925-1932). Organização, introdução e notas de Cecília de Lara. São Paulo: Giordano Lemos, EDUC, 1997).

(49) No período imediatamente posterior à ditadura militar (décadas de 1980-1990), as políticas públicas no campo educacional buscaram suprimir as distancias que separam a cultura erudita universitária da cultura escolar e buscaram também incorporar a linguagem e as reivindicações dos movimentos sociais. Ainda que o discurso hegemônico afirme a qualidade da escola pública anterior à ditadura militar, seus livros eram considerados conservadores.
Rouanet faz um interessante relato do ambiente intelectual brasileiro no início da década de 1960.

por parte das recentes gerações, dos autores da bibliografia presente nos planos de ensino estudados. O citado esquecimento/desconhecimento aplica-se também aos autores dos textos utilizados para fins didáticos no curso denominado "clássico" nos planos de 1898 (língua e literatura latina; língua e literatura grega) — lidos e apreciados atualmente por um reduzido número de especialistas.

A história das disciplinas escolares criadas para ensinar a literatura e a língua dos países evidenciam que estas tentaram, com relativo sucesso, incorporar os objetivos e métodos postos pelo estudo da língua e dos clássicos greco-latinos — ou seja, levar o aluno a falar de forma correta, precisa e elegante tomando os clássicos como modelos(50). O prestígio da cultura antiga — considerada a base da formação da classe dominante europeia — desqualificava as literaturas nacionais de tal modo que no século XIX a obra dos escritores modernos foi entendido como "clássico dos pobres"(51). No caso específico da literatura brasileira, Razzini destaca que ela foi, por muito tempo, "o clássico pobre dos ricos, ou ainda dos pouco alfabetizados. Sua precariedade foi reconhecida inclusive por aqueles que a elegeram como objeto principal de estudo" (p. 35). Não se pretende colocar em descrédito a literatura nacional, mas recuperar os impasses que marcaram a definição dos clássicos brasileiros a partir de 1855, quando "o estudo da língua portuguesa e da sua literatura [...] passou a servir de exemplo do bem falar e do bem escrever/compor em vernáculo" (RAZZINI, p. 46), uma tendência que se acentua no período 1870-1930.

Procuramos identificar, no período em questão, como se distribuíam os conteúdos de ensino responsáveis pela nacionalização/modernização dos saberes "clássicos", de tal modo que puderam inscrever-se no curso

(50) "Ao que parece, a antiga técnica de ensino da gramática e da retórica latina (e grega), exemplificadas através de textos de autores considerados clássicos, foi incorporada ao ensino gramatical e retórico dos vernáculos europeus, dando origem aos clássicos nacionais." (RAZZINI, p. 46)

(51) "O inglês foi literalmente o clássico dos pobres, uma maneira de proporcionar a educação 'liberal' barata aos que estavam fora dos círculos encantadores das escolas particulares e das universidades de Oxford e Cambridge." (EAGLETON, Terry. *Teoria da literatura: uma introdução*, p. 30. *Apud* RAZZINI, p. 35)

realista em 1898. A seguir as disciplinas acompanhadas do ano em que foram elaborados os planos de ensino nos quais estão presentes[52]:

— *Rhetorica, Poetica e Litteratura Nacional*, 1878;

— *Português*, 1877, 1882,1892, 1893, 1895, 1898, 1912, 1915, 1929;

— *Literatura*, 1877, 1878, 1882, 1892, 1893, 1895, 1898, 1912, 1926, 1929;

— *Instrução Cívica*, 1912, 1926, 1929;

— *História*:

- *Romana*, 1862[53]
- *Antiga*, 1862[54]
- *Medieval*, 1862[55]
- *Sagrada*, 1862, 1877
- *Antiga e Medieval*, 1877, 1878
- *do Brasil*, 1877, 1878, 1893, 1895, 1898, 1915, 1926, 1929
- *Natural*, 1877, 1878, 1892, 1893, 1895, 1912, 1915, 1926, 1929
- *Geral*, 1882
- *Universal*, 1892, 1893, 1895, 1898, 1912, 1915,1926, 1929

— *Sociologia*, 1926, 1929.

(52) Mantivemos a nomenclatura original e não incluímos na lista as disciplinas que, segundo a nomenclatura do plano de ensino de 1898, compunham o curso clássico.

(53) DE ROSCIR; DUMONT. *História romana.* Traduzida em português para o uso do Imperial Colégio de Pedro II, p. 59.

(54) ROCHA, Justiniano José da. *História antiga*, p. 58.

(55) *História da Idade Média* pelo Dr. J. J. da Rocha.

Razzini e Bittencourt empreendem análises da história brasileira das disciplinas escolares Língua Portuguesa e História; a primeira aborda os planos de ensino para compreender a contribuição de Carlos de Laet e a outra trabalha prioritariamente com livros didáticos. Segundo Bittencourt:

> "O estudo da história, inicialmente considerado como simples anexo do Latim, disciplina todo-poderosa dentro da concepção do currículo humanístico ou literário, percorreu caminhos tortuosos até tomar de um corpo de conhecimento sistematizado, possível de ser ensinado e transmitido nas escolas.
>
> A constituição da história como disciplina escolar definiu-se inicialmente pelas propostas dos liberais brasileiros envolvidos nos debates educacionais da década de vinte do século XIX. Parte dos intelectuais pretendia construir uma história laica, uma espécie de 'ciência social' da nação que se criava sob a dominação de um Estado independente, mas não desejava abolir os princípios educativos da Igreja Católica." (p. 138)

No plano de ensino de 1877, a disciplina *História Sagrada* propõe o estudo do "resumo desta desde a criação do mundo até a fundação da Igreja" (p. 67), conteúdos que evidenciam o empenho de inculcar os padrões culturais do mundo ocidental cristão na elite brasileira e que desaparecem nos anos posteriores. A disciplina história passa a assumir um perfil laico, mas os ideais civilizatórios que levariam à identificação com a cultura europeia mantém-se na disciplina *Instrução Cívica*. No plano de 1912, esta aparece com o titulo *Instrução Cívica* e *Noções Gerais e Direito* e apresenta conteúdos que enfatizam organização do Estado, direitos individuais e atos jurídicos; os outros planos (de 1926 e 1929) são quase iguais entre si: a disciplina denomina-se *Instrução Moral e Cívica* e, além dos conteúdos elencados em 1912, apresenta também um "conjunto de ensinamentos destinados a formar o homem de bem e o cidadão útil à pátria" (p. 259). Dentre os ensinamentos encontra-se a afirmação da necessidade de aperfeiçoamento moral do homem a fim de "concorrer para o aperfeiçoamento moral das pessoas que se acharem submetidas à sua esfera de ação" (p. 304): ilustrar a inteligência; formar o coração; cultivar as virtudes (sinceridade, simplicidade, modéstia, discrição); manter a higiene do corpo, a serenidade de ânimo e a fortaleza da vontade; adornar o caráter com os preceitos da sociabilidade, civilidade e cortesia; conformar seus atos com os postulados da consciência moral (justiça, equidade, igualdade, respeito à Vida, à propriedade e à honra alheias); valorização do trabalho e da previdência; perigos do álcool, fumo e jogos de azar; deveres da hospitalidade, da tolerância, de se guardar as tradições e o bom nome da família; primazia da autoridade paterna; regras de economia doméstica; valor da educação e da instrução na vida prática; lealdade e dedicação desinteressada no serviço da pátria; a honestidade, privada e pública; calúnia como crime perturbador da tranquilidade social; solidariedade humana (fraternidade e igualdade, altruísmo, caridade, assistência social); etc.

Bittencourt destaca que os defensores das humanidades clássicas entendiam que estas eram as únicas disciplinas que verdadeiramente formavam o espírito e que a partir da oposição entre os saberes literários e científicos, as disciplinas escolares emancipam-se gradualmente da concepção de "ginástica intelectual" para se configurar como conhecimento delimitado por objetivos e métodos pedagógicos cujos conteúdos se originavam das ciências de referência (p. 149). Os planos de ensino do Pedro II sugerem que, neste movimento, a história antiga e a medieval perdem a independência (como matérias autônomas que eram em 1877 e 1878) para afirmarem-se como parte da história geral (em 1882) ou universal (em 1892, 1893, 1895, 1898, 1912, 1915, 1926, 1929) e, deste modo, inscrevem-se num movimento de modernização do currículo. Em 1877 e 1878, a disciplina *História Antiga e Média*, dirigida aos alunos do quanto ano, adotava livros que, segundo Bittencourt, situam-se entre os primeiros no gênero produzidos no Brasil (p. 171): *Compêndio de História Antiga* (MOREIRA DE AZEVEDO) e *Lições Elementares de Idade Média* (DOMINGOS RAMOS DE MELLO). Em 1882, o curso intitulado História Geral destinado aos alunos do quinto ano aborda exclusivamente história antiga e medieval e mantém a mesma bibliografia; de forma complementar, o programa de ensino de *História Geral* dirigido aos alunos do sexto ano aborda história moderna e contemporânea. A partir de 1892, a história antiga e medieval sempre aparece inscrita no curso de *História Universal*(56) e são indicados os seguintes manuais para estudos:

— *História Antiga,* de João Ribeiro, 1892, 1893;

— *História da Civilização,* de Seignobos, 1892, 1893;

— *História Universal,* de G. Berquó, 1892, 1893, 1898;

— *História do Oriente e Grécia,* de João Ribeiro, 1895;

— *História Universal de Weber,* "adaptada ao ensino secundário por João Ribeiro", 1895, 1898;

— *História Universal,* de João Ribeiro, 1926;

— *História da Civilização,* de Gastão Ruch, 1926, 1929;

— *Epítone de História Universal,* de Jonathas Serrano, 1929;

— *História da Civilização,* de Oliveira Lima, 1929.

A grande maioria dos livros adotados foram escritos/traduzidos/adaptados/resumidos por intelectuais atuantes e/ou nascidos no Brasil,

(56) A História Antiga e Medieval também aparece inscrita no curso de *Sociologia* — disciplina oferecida para os alunos do sexto ano em 1926 e 1930.
Bastante minucioso, o plano de 1926 divide-se em duas partes (*Sociologia Teórica* e *Fontes Históricas da Sociologia*); a última apresenta pontos estudados em História Geral ou Universal e, no que tange ao período antigo e medieval, enfatiza dados culturais como família, educação, advento do cristianismo, situação da mulher, etc.
Ambos os planos propõem também o estudo de "sistemas" ou "teorias" sociológicas:
1926: *República de Platão — O Contrato Social*, Saint-Simonismo. *Sociologia* de August Come. — *Marxismo* (p. 276).
1930: *Os fundadores da Sociologia*, Comte e Spencer (p. 319).
A única indicação bibliográfica aparece em 1930: F. W. Blackmar and J. L. Gillin — *Outlines of Sociology* (Macmilan — New York).

cuja atuação junto à ABL ou IHGB limitava-se às fontes históricas nacionais; uma solução que não era considerada satisfatória mas poupava os jovens de leituras em língua estrangeira(57) comuns em meados do século XIX. Nos planos analisados, as exceções são representadas pelos textos do francês Seignobos e do alemão Weber, bastante conhecidos internacionalmente — segundo João Ribeiro. Seria interessante acompanhar a circularidade de textos didáticos de história geral e universal entre os países, mas não acumulamos dados relativos a isto — dispomos de algumas informações acerca da aceitação, por parte de educadores e historiadores, das interpretações de Seignobos e da resistência oferecida a elas pelos professores do colégio que, intelectualmente, costumam ser agrupados na corrente cientificista na geração de 1870. O período 1870-1930 parece marcado pelo esforço de impor ao ensino uma concepção laica e racionalista da história:

> "O Colégio Pedro II contou com a presença, no seu início, de professores religiosos em número significativo. Este perfil foi sendo modificado [...]. Faziam parte do corpo docente da escola na década de oitenta [...]. Silvio Romero, Schiefler, Capistrano de Abreu e João Ribeiro, figuras representativas de um grupo de intelectuais que se opôs [...] ao domínio religioso e à hegemonia cultural da França." (p. 173)

Segundo Bittencourt, Seignobos representa — por excelência — "a passagem de uma concepção de história dominada pelos católicos para a obra positivista" (p. 172) e "estabeleceu um tempo evolutivo impossível de ser violado, uma predestinação do povo europeu, da raça branca cristã, originária da Grécia e de Roma" (p. 184) que confirmava a ideologia segundo a qual o Brasil seria o país do futuro; para concretizar este destino, precisaria "apenas seguir a trilha esboçada pela Europa" (p. 183), pois no tempo da era tecnológica o progresso seria inevitável. Germanófilo declarado, João Ribeiro atribui à influência cultural francesa o distanciamento das tradições clássicas, característico da cultura contemporânea. Em 1895 na apresentação da obra *História Universal* de Weber, declara:

(57) "Diferentemente das escolas oficiais, as escolas particulares não ousavam contemplar [...] livros em idiomas estrangeiros." (BITTENCOURT, p. 173)

> "A falta que há, em linguagem, de um bom resumo de História Universal, nas proporções que o programa do Ginásio Nacional exige, fez-nos aconselhar [...] a publicação de um compêndio que, como o conhecido resumo de Weber, correspondesse ao mesmo tempo aos reclamos do ensino e não consistisse, como os livros franceses atuais, de pura história da França com algumas vistas gerais sobre a história do resto do mundo." (*Apud* BITTENCOURT, p. 173)

Nas primeiras décadas do século XX, a historiografia francesa marcou profundamente a produção didática nacional (BITTENCOURT, p. 181) e, de forma gradual, sob influência do escolanovismo, a defesa de um currículo enciclopédico e clássico foi posta de lado. As maiores contribuições da geração de 1870 para o ensino foram no âmbito da história do Brasil e dos estudos literários.

Talvez se possa pensar que o livro *História da América,* escrito por Rocha Pombo em 1900, foi um dos primeiros que questionaram os benefícios da inserção da cultura brasileira na civilização europeia, pois denunciava a exploração dos colonizadores e vislumbrava a emergência de uma nova civilização no novo continente. Embora escrito para as escolas normais, o livro (assim como a história americana), nunca tiveram uma presença muito forte no currículo da escola secundária nacional. Os planos do Colégio Pedro II analisados (1870 a 1930) não indicam livros específicos de História da América com fins didáticos e o passado americano(58) representa menos de 10% dos "pontos" da disciplina *História Universal*(59). Já os pontos de história antiga e medieval ocupam 50% do programa do curso de *História Geral* e pelo menos (no mínimo) de 30% do curso de *História Universal*. Seguem os pontos de *História Universal*:

(58) Não foram computados os dados referentes à história do Brasil pois aparece nos programas como disciplina autônoma.

(59) A história da América não consta nos programas de História Geral e tem pequena inserção na disciplina História Moderna e Contemporânea:
— 1877: 5º ano: 1 ponto num total de 70 (p. 74);
— 1878: 5º ano: ausente;
— 1895: 5º e 6º anos: 4 pontos num total de 20 (p. 154).

- 1892
  - — 5º ano: 36 pontos de história antiga (p. 118);
  - — 6º ano: 16 pontos de história medieval; 18 pontos história moderna europeia; 6 pontos de história da América (p. 121);
- 1893
  - — 5º ano: 33 pontos de história antiga (p. 135);
  - — 6º ano: 16 pontos de história medieval; 38 pontos de história moderna europeia; 4 pontos de história da América (p. 141);
- 1895
  - — 4º ano: 41 pontos de história antiga e média (p. 152);
- 1898
  - — 4º ano: 23 pontos de história antiga e medieval (p. 170);
  - — 6º ano: 23 pontos de história antiga e medieval (p. 179);
- 1912
  - — 7º ano: 3 pontos de história antiga e medieval; 1 ponto de história da américa (p. 183);
  - — 5ª série: 17 pontos de história antiga e medieval; 22 pontos de história moderna europeia; 2 pontos de História da América; 1 ponto de África contemporânea; 1 ponto de Ásia contemporânea; 1 ponto de Oceania contemporânea (p. 190).
  - — 6ª série: 21 pontos de história do Brasil (p. 190);

- 1915
  - — 4º ano: 18 teses sobre história antiga e medieval; 17 teses sobre história europeia moderna; 2 teses sobre história da América; 1 tese sobre África contemporânea; 1 tese sobre Ásia contemporânea; 1 tese sobre Oceania contemporânea (p. 214);
- 1926
  - — 2º e 3º anos: 21 pontos de história antiga; 3 pontos de história medieval;
  - — 4º ano: 5 pontos de história medieval; 21 pontos de história europeia moderna e contemporânea; 3 pontos de história da américa (p. 257);
- 1929
  - — 3º ano: 30 pontos de história antiga; 15 pontos de história medieval (p. 303);
  - — 4º ano: 26 pontos de história europeia moderna e contemporânea; 1 ponto sobre Rússia moderna, 7 pontos sobre história da América; 1 ponto sobre África, Ásia e Oceania (p. 304).

Nesse período, as críticas à educação clássica são incisivas, e Petitat destaca que, no caso europeu, os questionamentos aos Colégios — cujo currículo centrava-se no latim e no grego — partiram de indivíduos preocupados com o desenvolvimento das ciências e das indústrias, pois "o programa das belas letras destina-se em primeiro lugar a uma elite letrada e a camadas sociais superiores, preocupadas em adquirir uma cultura geral" (p. 80). Sem responder a necessidades profissionais precisas, a cultura clássica assumiu uma função simbólica entre os séculos XV a XIX, momento de frequentes queixas a respeito da "promoção da vil burguesia às mais altas funções"; serviu às ambições de mobilidade social[(60)] face ao desprezo pelo trabalho manual e à busca de ocupações

(60) "Um único que tenha sido educado deste modo põe dez mil para correr, como se vê por experiência própria todos os dias." (*Apud* PETITAT, p. 99)

mais "nobres". Inscrita num processo de seleção de conteúdos para a educação de meninos(61), a cultura antiga teria sido distorcida e deformada afim de afirmar os valores da obediência, disciplina e civilidade — além de enraizar hábitos de concentração de esforço e de trabalho na leitura, escrita e oratória:

> "Os personagens gregos e romanos são despojados de sua historicidade e tornam-se figuras emblemáticas de virtudes. Os jesuítas truncam os textos e tornam parte ativa no surgimento de uma literatura de trechos escolhidos a qual se presta admiravelmente bem aos múltiplos exercícios e ao aprendizado formal das línguas antigas [...].
>
> Esquemas de ordem e de submissão se prolongam numa disciplina do corpo e dos movimentos que se relaciona a uma corrente da época, atenta às boas maneiras e a atitudes convenientes, dando continuidade à civilidade de Erasmo." (p. 82)

Os planos de ensino das disciplinas português, literatura e sugerem que os ideais de civilidade e erudição não foram descartados pela escola brasileira que, no entanto, incorporou ideais nacionalistas. A disciplina *Retórica e Poética,* bastante valorizada no período anterior a 1870(62), somente aparece como disciplina autônoma nos anos de 1878 e 1882 com o nome *Retórica, Poética e Literatura Nacional*: os conteúdos listados em Retórica e Poética insistiam na oposição entre o antigo e o moderno; já a ementa de Literatura Nacional propunha o "estudo detido das diferentes fases da literatura nacional; juízos críticos e paralelos dos principais prosadores e poetas, por escrito" e sugeria como material didático a obra *Le Brésil Littéraire. Histoire de la Litterature Brésilienne* escrita pelo francês Ferdnand Wolf (p. 89). Retórica e Poética indicava o "*Compêndio*

(61) No Prefácio — chamado de *Advertência* — escrito para a primeira edição da obra História Universal, João Ribeiro destaca: "escrevendo para rapazes, tivemos todo o cuidado de evitar asperezas e inúteis escabrosidades [...]. Nada lucraria a juventude em conhecê-la" (reproduzida na 3ª edição datada de 1922, p. 11)

(62) Conferir na Tabela I a redução do número de aulas da disciplina no período 1838-1878. Depois de 1878, os programas de ensino não apresentaram mais disciplinas com este título (Retórica e Poética).

de Retórica e Poética para uso dos alunos do Imperial Colégio de Pedro II, pelo Conego Manoel da Costa Honorato" (p. 89).

Para Acízelo de Souza, a *Retórica* — a "arte de bem dizer" (p. 7), a "técnica rigorosa de argumentação" (p. 8), a "arte do estilo" (p. 8) — tem raízes fundas e anteriores ao século V a.C., atravessa toda a história ocidental (p. 6), constituindo uma tradição cultural e educativa cuja posição de relevo não ultrapassa o século XVIII. A partir deste momento (ou talvez um pouco antes), afirma-se um sentido depreciativo para a palavra *retórica*: 1 — com a valorização da pesquisa científica "contra a autoridade e a imitação, e erigindo a clareza, entendida como eliminação de ornamentos, em novo padrão em proza, especialmente adequado aos relatórios científicos e discussões" (ACÍZELO DE SOUZA, p. 9); 2 — com a difusão do livro que "toma a fala e a memória obsoletas em sociedades que passam a ser regidas por relações impessoais de troca" (p. 11); 3 — com a "invenção da Literatura, da Estética e da Crítica Literária"... (p. 10). Em anexo, o livro escrito por Acízelo apresenta o *Sumário do sistema retórico poético oitocentista*, o qual justifica o estudo da retórica nos seguintes termos:

> 5.1. Para desenvolver o talento natural;
>
> 5.2. Para ser orador;
>
> 5.3. Para ser escritor;
>
> 5.4. Para admirar discursos e escritos;
>
> 5.5. Para desenvolver o espírito público;
>
> 5.6. Para ter amor à glória;
>
> 5.7. Para ser indiferente aos bens da fortuna;
>
> 5.8. Para admirar o ilustre e grandioso (p. 121).

O estudo da retórica deveria desenvolver a eloquência, cuja finalidade prática é convencer, instruir, mover, persuadir, deleitar em discursos proferidos em assembleias populares, foro ou púlpito (ACÍZE-

LO, p. 120); dirigido a meninos de elite, visava a preparação do homem público cuja atuação não apenas decidia os destinos do país, como também era objeto de discussões e artigos capazes de fixar imagens da cultura e da política nacional. Pergunta-se: a inserção do texto *O Velho Senado*, escrito por Machado de Assis (e publicado pela primeira vez no *Jornal do Comércio* no livro *Autores contemporâneos*, de João Ribeiro uma coletânea para leitura dos alunos da escola secundária), visa despertar o sentimento de empatia nos estudantes do século XIX? Tal como uma câmara filmadora ou uma máquina fotográfica, o texto revela imagens para posteridade.

Num momento em que poucas pessoas defendiam a coeducação dos sexos e um número igualmente reduzido advogavam os benefícios da instrução/letramento femininos, seria interessante confrontar as leituras sugeridas por estes últimos às meninas com aquelas indicadas aos meninos na escola. Faz-se necessário uma pesquisa pormenorizada, mas pode-se aventar a hipótese de que o sexo masculino familiarizava-se com frases, pensamentos, histórias, dramas, impasses, modo de falar e agir de personagens históricos ou literários que exerceram o poder (aprendidos em textos da antiguidade clássica), enquanto abria-se às meninas o novo gênero literário criado no século XVIII — o romance. Segundo Ian Watt, este elevava à categoria de alta cultura histórias/dramas circunscritos à esfera privada enquanto a tragédia (tal como era concebida pelos antigos e alguns renascentistas — como Shakespeare) abordava impasses pessoais decorrentes do exercício do poder.

Em fins do século XIX e início do seguinte, o tema da adequação das antigas técnicas de retórica deve ter sido recorrente, pois a coletânea Autores Contemporâneos publicada por João Ribeiro em 1923 procura orientar quais palavras e construções linguísticas seriam adequadas àquele momento; já o "Sumário do sistema retórico poético oitocentista", apresentado por Acízelo, insiste nas "diferenças entre a retórica moderna e a retórica antiga":

> 4.1. **Moderna**: mais fria e temperada;
>
> 4.2. **Antiga**: mais veemente e apaixonada (p. 121).

O esforço de modernização/atualização do ensino de retórica no Brasil não foi suficiente para barrar o descrédito e as críticas que se tornaram mais intensas a partir da década de 1920 com o escolanovismo, com a defesa da escola única, gratuita e pública; da aproximação da escola com o mundo do trabalho; com as criticas dirigidas às elites brasileiras, consideradas incapazes de compreender (ou contribuir para) a moderna sociedade industrial no início do século XX[(63)]. Para Fernando de Azevedo:

> "É desse tronco comum do ensino humanístico, ministrado nos colégios de padres, em Portugal e na colônia, que se alimenta a cultura, em toda a sua fase tricelular, como é dele que parte uma das direções mais nítidas e fortes da nossa atividade intelectual a tendência literária [...] desse ensino [...] provieram não somente o interesse pela vernaculidade e o pendor para dar a tudo expressão literária, como também o amor à forma pela forma, o requinte e o rebuscamento e o gosto das disputações [...] Dele resultou entre nós [...] a turgidez do pensamento e do estilo, a tendência ao exagero e à desmedida." (AZEVEDO. *A cultura brasileira. Apud* ACÍZELO DE SOUZA, p. 24).

No início do século XX, a compreensão sociológica dos impasses colocados pelo modelo de desenvolvimento do país tornava antiquados e elitistas os defensores do aprendizado da retórica, considerado moroso e desnecessário. De um lado, a necessidade de combater altos índices de analfabetismo; de outro a ausência de engenheiros, técnicos ou da reflexão pautada em critérios científicos.

Com o rebaixamento da retórica, as disciplinas escolares passam a associa-la à poética e à história literária; a primeira designa "a investigação sistemática da natureza e funções da literatura, nomeando assim a disciplina nuclear dos estudos literários contemporâneos" (ACÍZELO SOUZA, p. 16) e a outra — hostil e concorrente com a retórica poética — tornou-se majoritária ao descrever a fundação e a consolidação da literatura nacional. Para este autor, o ano de 1892 marca o fim da solução de compromisso entre as duas vertentes e o triunfo da historicista. As soluções conciliatórias entre o velho e o novo, o clássico e o nacional não representavam, no entanto, um consenso nacional; para Rocha Pombo —

(63) Conferir o Manifesto dos Pioneiros da Educação Nova (1932).

por exemplo — a instrução tradicional "não se destina a habilitar o homem a ser um legítimo fator de interesse coletivo na vida social" (p. 5), sendo necessário modificar radicalmente a educação. Ele cita e concorda com pensadores de sua época que defendem modificações na educação para adaptar o homem "não às situações públicas, mas às situações privadas da vida" (p. 5):

> "Para isso é necessário desde logo atenuar o caráter tão exclusivamente clássico e tão exclusivamente cerebral de nossa educação. No Colégio, frequentamos o Fórum sob cores sedutoras demais. Esqueceram-se de dizer-nos que foi menos pela palavra do que pela charrua que os romanos conquistaram e civilizaram o mundo e que nele estabeleceram o seu domínio." (p. 6)

Rocha Pombo teve ligações com o movimento anarquista e insistiu nos malefícios causados pela "falsa instrução" à coletividade — visto que ela cria preconceitos capazes de afastar o indivíduo educado do trabalho e habilita-o a "ser pior do que seria, talvez, desprovido desta falsa instrução" (p. 6):

> "Esta necessidade de mudar de rumo reveste mesmo, para nós americanos sobretudo, as proporções de uma imposição inelutável do destino [...].
>
> Não se discute [...] a necessidade de instruir o povo; mas é preciso discutir [...] muito qual a instrução que deve ser dada à infância." (p. 16)

No século XX, o humanismo clássico foi alvo de inúmeras críticas e distanciou-se das atuais gerações; apesar disso, somos herdeiros de ideais educativos que — desprovidos de qualquer sentido aristocrático, buscam a formação integral; têm em vista um ideal de homem, uma certa Paideia — "uma normatividade inscrita na tradição" (ROUANET, p. 309) e, por isso, reafirma até os dias de hoje Direitos Humanos e demais valores como tolerância, respeito à diversidade, repúdio à discriminação e à violência, etc. — princípios que nos lembram a matriz civilizatória. O grande número de aulas da disciplina Língua Portuguesa que se mantém no currículo da escola básica pode ser outra herança da educação tradicional: ainda que as contribuições da linguística (particularmente na década de 1960) tenham levado a uma revisão da clássica preocupação de impor a todos a norma culta, as habilidades de comunicação ainda são prioridade na escola brasileira.

Indiscutivelmente, tivemos no Brasil reformas educacionais de amplo alcance e a bibliografia dos programas de ensino do período em questão (1870-1930) sugerem que os adeptos do cientificismo (cujas posições nos parecem conservadoras) representaram, naquele momento, uma vanguarda de questionamento ao modelo antigo de educação e de formulação de propostas modernizadoras. Envolvidos em inúmeras polêmicas, Joao Ribeiro, Capistrano de Abreu e Silvio Romero produziram textos acerca da história e da cultura brasileiras que formaram diferentes gerações de estudantes e intelectuais e, sob este ponto de vista, *História da Literatura Brasileira* de Silvio Romero também merece destaque.

3.1. A História Antiga nos livros didáticos de João Ribeiro

A passagem do século XIX para o XX marca uma mudança nos paradigmas referentes aos saberes escolares que se reflete tanto no mercado editorial quanto no perfil dos egressos da incipiente escola secundária brasileira. João Ribeiro vivenciou este momento, defendeu um currículo enciclopédico e denso, registrou suas aulas, reflexões e propostas na imprensa, discursos, livros e publicações reconhecidas pela *Academia Brasileira de Letras e Instituto Histórico e Geográfico Brasileiro,* os quais devem ser incluídos entre as mais prestigiadas instituições culturais do período. Influenciado pelo pensamento e modelo educativo germânico (muito debatido em fins do século XIX), parece situar-se na contramão dos debates pedagógicos que valorizam mais dos métodos e políticas educacionais que os conteúdos em si. Resgatar suas obras significa dar voz a um intelectual respeitado que transitou junto aos órgãos com poder decisório do ponto de vista das políticas públicas, mas permaneceu distanciado das propostas escolanovistas que agitavam principalmente as escolas normais paulistas nas primeiras décadas do século XX; neste sentido, sua obra pode evidenciar o quão erudita e elitista foi a escola secundária brasileira. A ausência de uma linguagem ou de estratégias discursivas adequadas ao público juvenil fica evidenciada pelo fato da obra *História do Brasil* — escrita como livro didático em 1900 — ser reconhecida (após inúmeras adaptações) como trabalho historiográfico no início da década de 1940.

Quase um século após a morte de João Ribeiro, o estudo de suas obras não nos parece vão, pois a legislação brasileira considera a escola secundária (inscrita na Educação Básica) imprescindível à formação do cidadão e muito se questiona a contribuição do século XX para o ensino: promoveu-se a democratização ou a massificação da cultura? Vivenciamos um processo sério e eficiente de democratização e de inclusão social, mas esta pesquisa não dá conta de uma problemática tão ampla; a partir da análise da obra de João Ribeiro busca-se oferecer uma modesta e despretensiosa contribuição para a história do currículo. Mesmo ciente da importância do autodidatismo, da educação informal e demais caminhos para a formação cultural de todas as pessoas, o século XX é decisivo para a afirmação da escola como *locus* privilegiado para a iniciação à cultura; assim, a antiga figura do preceptor tende a desaparecer. Nas obras de João Ribeiro encontramos a defesa da escola e de saberes que buscam conciliar a "cultura clássica" com o viés nacionalista (língua e cultura do país). Assim, tomamos como fontes primárias para este capítulo a monografia Instrução Pública e seus três livros de história que abordam a antiguidade clássica.

Mesmo ciente de que o autor pouco aprimora os métodos de ensino que desde a antiguidade estiveram fortemente calcados no esforço exaustivo dos alunos, entendemos que é possível inscrevê-lo no processo de modernização dos conteúdos de ensino, pois ele produz obras num momento em que os livros didáticos eram o principal veículo de formação de professores (haja vista a baixa frequência ou inexistência dos cursos de formação de docentes) e fonte para aulas que se efetivavam em ditados ou lições copiadas da lousa. O diálogo entre o passado e o presente não visa resgatar nas obras de Ribeiro soluções para os problemas atuais nem exemplos a serem seguidos, mas a compreensão do passado, por ele mesmo, dos caminhos trilhados pela educação. Assim, pensamos que o conceito de "transposição didática" aplica-se mais facilmente aos atuais livros didáticos dos quais se espera, particularmente após a implantação do PNLD, atualização bibliográfica, o que impulsionou a substituição do autor individual (muitas vezes um professor) por uma equipe contratada pelas editoras a fim de atender as exigências postas pelos avaliadores tome-se como exemplo o Projeto Araribá, conjunto de livros lançado pela editora Moderna que sequer menciona os nomes dos autores. Parece-me indiscutível que os atuais livros escolares incorporam recursos didáticos variados, poucas vezes seus autores são reconhecidos como intelectuais e, desde a sua confecção, aparecem como mercadorias que atendem a demandas efêmeras. Assim, surpreende a permanência de algumas das obras de João Ribeiro nas escolas por mais de meio século e, por outro lado, a proposta de se abordar os seus livros didáticos como obras menores a partir das quais poder-se-ia acompanhar a circularidade de noções entre as várias esferas de saber — cultura escolar, cultura erudita (historiográfica ou literária), cultura política, jornalismo, etc. —, mostrou-se impraticável na obra *História Universal*. Talvez, *História do Brasil* possa ser lida como a divulgação da reinterpretação do nosso passado empreendido em fins do século XIX — particularmente por Capistrano de Abreu, também professor do Colégio Pedro II e membro do IHGB; no entanto, sua leitura não se restringiu aos círculos escolares.

Os três livros didáticos escritos por Ribeiro[64] que abordam a antiguidade clássica, apresentam modelos distintos de narrativa histórica, embora abordem mais ou menos a mesma sequência de fatos. *História Universal* (1918) — assim como os livros didáticos de história adotados nas escolas brasileiras no final do século XX — justapõe fatos e batalhas descritos de maneira muito resumida e, talvez, pouco atrativa para os alunos. Na apresentação da primeira edição da obra *História Universal* (1918), Ribeiro — na condição de autor — apresenta-se como um erudito que fornece à escola sínteses pouco didáticas das mais conceituados obras de sua época em resposta às exigências postas pelos órgãos públicos:

> "*As Lições de História Universal* foram compiladas e resumidas segundo os melhores autores didáticos que escreveram nesta matéria. Seguimos mais de perto os livros de Myers — *General History* e *Medieval and modern History* — o de Colby — *Outlines of General History* — o de *Robinson Hist. of western Europe* — o de Allen — *Hystory Topics* — o de Fredt e o de Collier — *Great events;* os autores franceses preferidos foram A. Mallet, Seignobos e Melin; os alemães, principalmente o *Lehrbuch der Geschichte,* do Dr. W. Martens, Fr. Hommel,

(64) Conferir a bibliografia.

o resumo (ed. Italiana) de Webber, o austríaco F. Mayer e como auxiliar da cronologia o *Auszug aus der alt. mitl. and neueren Geschichte de Ploetz*; aproveitamos ainda a nossa História do Oriente e da Grécia (em 2ª edição já esgotada).

Estas foram as principais fontes, como normas e modelos de compêndios já consagrados; tivemos, porém, de consultar diversos autores, antigos ou modernos para esclarecimento de uma ou outra dúvida. Ainda assim, o nosso trabalho não é mais que uma tentativa imperfeita e que espera, de possível êxito, a oportunidade de correção e de aperfeiçoamento." (p. 1)

Os outros dois livros nos quais Ribeiro aborda a antiguidade são anteriores a este e apresentam longas descrições históricas, além da preocupação de se estabelecer nexos entre civilizações, personagens e fatos — um trabalho hercúleo desenvolvido a partir de pesquisas históricas e estudos linguísticos que, no entanto, levam-no a graves equívocos. O pensamento racial-cientificista hegemônico[65] em sua época fragiliza e desqualifica a sua argumentação. As obras didáticas de Ribeiro não se pautam em conceitos históricos articulados com os atuais paradigmas de produção historiográfica (posteriores a ele) e que somente encontram alguma inserção nos materiais didáticos a partir da década de 1980, quando, ao final da ditadura militar, busca-se uma revisão abrangente da educação e a aproximação dos conhecimentos difundidos na educação básica com a produção intelectual das universidades. Deste modo, não se pode visualizar a "amalidade" das obras: suas considerações acerca das raças humanas prestaram um desserviço à formação moral e ética de diferentes gerações de estudantes e devem ser repudiadas; aos nossos olhos, merecem severas críticas o conteúdo racista dos textos e o emprego livre de palavras que hoje nos remetem a conceitos bem articulados[66]. Com todos os seus erros (e eventuais acertos), as obras de Ribeiro dedicadas à história antiga são o produto de sua época e, haja

(65) Conferir SCHWARCZ, Lilia. *O espetáculo das raças* — cientistas, instituições e questão racial no Brasil, 1870-1930. São Paulo: Cia. das Letras, 1993.

(66) Dentre outras, deve-se destacar a afirmação de que os imperadores romanos eram absolutistas, a associação do conceito de nação ou país aos povos antigos.

vista o prestígio que desfrutaram, podem ser reveladoras dos impasses que marcaram a cultura erudita e escolar no período. Na virada do século XIX para o XX, os seus textos dedicados à antiguidade foram sintetizados, pois a disciplina história precisava abrir-se a novos conteúdos: a história moderna e a história nacional. Observe que o "enxugamento" dos textos não decorre do esforço de subtrair considerações de ordem racista a um imperativo que se impôs (sem margem de questionamentos) ao final da Segunda Guerra Mundial. Assim, encontramos a seguinte distribuição de conteúdos nos livros de Ribeiro:

> *História Antiga* (2. ed. 1894): 170 páginas à Grécia;
>
> *História da Antiguidade* (2ª série, s/d): 67 páginas à Grécia (p. 88 a 155) e 40 a Roma (p. 155 a 205).
>
> *História Universal* (1918): 24 páginas para pré-história, Egípcios, Assírios, Babilônios, Fenícios e Hebreus (p. 3 a 27); 7 páginas para arianos (p. 27 a 35); 55 páginas à Grécia (p. 35 a 90) e 84 páginas a Roma (p. 91 a 175); 76 páginas para Idade Média (p. 189 a 255);
>
> *Idade Moderna Europeia, acrescida de dois pontos sobre América* (p. 263 a 447).

Aventamos a hipótese de que os "resumos" mantiveram de forma mais ou menos inalterada a sequência dos fatos, mas encobriram parcialmente justificativas e argumentos que consagraram tais conteúdos. A meu ver *História Antiga* (1894, 2ª edição) e *História da Antiguidade,* trabalhos anteriores a *História Universal* (1918), evidenciam as justificativas que, de forma ostensiva ou não, sustentaram a importância da remota e distante história antiga nas escolas: as tradições cristãs, o pensamento racial a afirmação da força e do poder como atributos masculinos (numa escola destinada a meninos brancos)[(67)].

(67) No Brasil, somente no final da década de 1870 a legislação eliminou a "proibição de escravos frequentarem as escolas públicas" e, no mesmo período, muitas instituições negavam as matrículas a negros livres (GONÇALVES, 2003, p. 327). A coeducação dos sexos também demorou a impor-se e, no início do século XX, gerou muita polêmica.

O sistema de avaliação de livros didáticos (PNLD) implementado pelo governo federal a partir da década de 1980 altera de forma significativa o perfil e o conteúdo dos livros que — de forma direta ou indireta — aproximam-se do conhecimento produzido nas universidades; mas em meados do século XX, muitas vezes, os conteúdos de história antiga (particularmente Grécia e Roma) são associados a uma visão romântica e pouco crítica da disciplina escolar história e, talvez para escapar estas apreciações negativas, livros e apostilas apresentavam informações muito sumárias (e pouco inteligíveis por si mesmas) acerca dos povos antigos. Pergunta-se: estas breves menções são concessões a uma velha tradição (o estudo dos povos antigos na disciplina História), pois o estudo do passado distante é considerado um esforço de mera erudição — secundário para o exercício da cidadania? Os textos aligeirados[(68)] sugerem que, descartada a possibilidade de diálogo imediato (e muitas vezes equivocado) entre passado e presente — facilmente estabelecido por argumentos de ordem racista —, fatos e informações relativas a antiguidade são mantidos nos livros como resquícios do projeto cientificista de história, prestigiado e hegemônico entre 1870-1930? Temporalmente precedido pela história sagrada, este modelo de escrita escolar de história encontrou na *"longa duração"* (termo utilizado por Braudel e anacrônico em relação a João Ribeiro) um lugar privilegiado para a afirmação de uma visão extremamente conservadora e racista? Nem sempre é fácil visualizar, a partir dos materiais didáticos, as fontes utilizadas pelo autor para construir sua narrativa: em *História Universal* (1918), a ênfase recai sobre as sínteses dos livros didáticos de sua época; em *História Antiga* (1894) são inúmeras as menções às dificuldades de acesso ao conhecimento junto às fontes eruditas, referências a textos antigos e a estudiosos dos temas abordados (contemporâneos a ele).

Para as atuais gerações, parece evidente que o conhecimento escolar é tanto mais importante quanto mais próximo à realidade do aluno; o século XIX parece sustentar a necessidade de se conhecer/continuar as antigas tradições, inventadas ou verídicas. Fatos e lendas, história e literatura mesclam-se a fim de fazer o aluno conhecer os valores, o código de

(68) Temos consciência de que, muitas vezes, os perfis dos livros decorrem de opções financeiras das editoras. Este seria o caso dos livros integrados dirigidos ao ensino médio: todo o conteúdo de História é resumido em um único volume que pode ser aproveitado nos três anos do curso.

conduta que presidiu a ascensão e a queda de grandes homens, impérios e monumentos culturais:

> "Com a morte de Péricles, acabam os grandes cidadãos de Atenas; é quando surgem os demagogos, *homens sem passado*, improvisados em chefes populares como *Cleonte*." (grifos meus. *História da antiguidade*, p. 118)

A ideia de uma herança sociocultural a ser aprimorada e continuada, geração após geração, fica explicitada:

> "O que devemos à Grécia é de tal ordem de tal abundância que, podemos dizer, tudo quanto possuímos no domínio moral e do espírito, excetuada a religião [...] e o direito [...] tudo mais veio da Grécia [...]
>
> Certo é que os povos modernos desenvolveram a aperfeiçoaram a grande herança [...]. As contribuições artísticas foram inexcedíveis." (*História da Antiguidade*, p. 153-154)

Gregos e romanos, cada qual à sua maneira, carregariam uma vocação "universalista", de tal modo que a imposição de sua cultura significava a substituição da barbárie pela civilização, a substituição das lutas internas pela aceitação de um governo capaz de gerar consensos e afirmar valores estáveis por meio dos quais haveria o reconhecimento de que a força das armas, por si só, não basta para sedimentar relações de poder:

> — "O espírito grego era universal e completo.
>
> [...] em todos os domínios estéticos foram os gregos os [...] mestres da civilização moderna.
>
> Nada acrescentamos de essencial ao que já tinha realizado e gênio grego.
>
> Quase todos os progressos posteriores foram mecânicos e de data relativamente recente." (*História da Antiguidade*, p. 153-155)

> "[...] a república (romana) marchava para o domínio universal encaminhada pela submissão da África, dos estados gregos, do Egito [...] e, posteriormente no oriente asiático [...].
>
> Os povos aceitavam sem muita relutância esse domínio em todo caso preferível à instabilidade de governos locais e das lutas civis que os dilaceravam. Roma [...] procurou atrair esses povos e quase todos foram latinizados no ocidente, aceitando a língua, os costumes e as leis romanas, exceto no oriente que estava já helenizado e mantinha certo grau de civilização." (*História da Antiguidade*, p. 184-5)

Esta visão da história — objeto de infindáveis e acertadas críticas — localiza na Grécia o marco mais importante das origens da civilização ocidental/moderna (de vocação universalista?); a importância de Roma seria decorrente da incorporação da cultura grega(69). Assim, para Ribeiro, o império romano teve uma inclinação universalista, desde Augusto até Mário e Sila:

> "O império universal, que começou com Augusto, era e se dizia um penhor para a paz e de qualquer modo realizou esta ideia. As religiões continuavam com os seus cultos locais e apenas estavam submetidos os povos ao ascendente das leis imperiais, ao fisco e à polícia do exército. As legiões foram distribuídas por este vasto domínio.
>
> Era a vez de Roma realizar um império do mundo como o havia tentado Alexandre e antes dele os persas de Dario, em menores proporções." (*História da Antiguidade*, p. 185)

(69) "A Grécia conquistada rumou a conquistar os vencedores, como disse um dos grandes poetas latinos (*Groecia capta, victores coept* — Horácio) e isto marca o início da literatura clássica e do período áureo das letras latinas. O próprio Catão, o antigo, que não podia acomodar-se ao influxo helênico, sentiu-se obrigado a aprender na velhice o idioma grego. A eloquência a e filosofia com Cícero penetrou em Roma e assim todas as formas da cultura intelectual da Grécia." (*História da Antiguidade*, p. 195)

> "O terror e a corrupção dominavam em toda parte. Syla fez-se nomear ditador [...]. Depois de tamanhos crimes [...] morreu de uma asquerosa moléstia causada por orgias e luxúrias (78). Seu cadáver foi transportado para Roma [...] A inscrição que ele compôs para epitáfio dizia: *Ninguém me fez favor e ninguém me fez mal que não fossem pagos.*
>
> Sem fé numa ordem superior de coisas, ele confiara unicamente em sua fortuna [...] e na força ou violência.
>
> [...]
>
> A lição daqueles dois homens (MARIO; SILA) ensinou daí por diante a apoiar o prestígio político no recurso das armas. A autoridade militar desde então assumiu preponderância na vida pública." (*História da Antiguidade,* p. 194)

História da Antiguidade apresenta reflexões acerca da passagem do estado de barbárie à civilização e enumera fatores que teriam contribuído neste processo: o instinto gregário (p. 12) que uniu os homens para se defenderem dos inimigos comuns, a fertilidade dos solos (p. 17), a disposição para a luta e para o autogoverno. Assim, as civilizações do Oriente Próximo aparecem no livro como "menores" em relação à Grécia e a Roma, pois muitas vezes os chefes dos governos são apresentados como "guerreiros valentes que se subordinam aos sacerdotes" (p. 19) e alguns povos vistos como "passivos", incapazes de transmitir a herança cultural às futuras gerações:

> "Até o século passado, historiadores e indianistas, comentando a passividade dos hindus, afirmavam que era um povo acabado e fadado a desaparecer.
>
> No entanto, um patriota Gandhi, utilizando-se mesmo desta passividade, tem conseguido unificar as castas para reagir contra o jugo estrangeiro [...].
>
> A forte Albion [...] mais cedo ou mais tarde terá de ceder ao desejo mais humano de um povo: o de governar a si próprio." (p. 37)

João Ribeiro insiste na ideia de que os "persas não eram tão bárbaros nem tão cruéis como queriam os gregos" (p. 66) e o fato de sua cultura e religião sobreviverem nos tempos modernos junto a pequenos grupos no Irã e na Índia parece reforçar, aos seus olhos, a ideia de que estes (os persas), assim como romanos e gregos, ultrapassaram o estado de barbárie[70]. Para Ribeiro, "os persas são os primeiros arianos que representam um papel glorioso na história" (p. 59):

> "Não se pode considerar selvagem um povo cuja religião — o mazdeismo — e procurava expandir suas mais nobres qualidades.
>
> No entanto, apesar da sua religião profundamente moral, os persas conservaram na história o qualificativo de selvagens, devido ao seu ânimo belicoso e conquistador." (*História da Antiguidade*, p. 57)

Linhas de continuidade entre o presente e as antigas civilizações são estabelecidas a partir do confronto das línguas, fósseis, mitos, ritos e tradições de tal forma que as permanências (supostas equivocadamente ou reais) são vistas como signo de vigor e força dos povos. A ideia de que haveria um progresso contínuo na história da humanidade foi recorrente e cara aos homens dos séculos XVIII e XIX, e João Ribeiro insiste na disposição dos povos arianos para lutar contra as opressões e injustiças, assim como preservar a autonomia politica. Para Kant, por exemplo, a luta contra as opressões, as revoltas e revoluções presentes em todos os períodos[71] evidenciam o contínuo progresso da história; para Ribeiro, a história avança (da barbárie à civilização) pela atuação dos povos arianos cujo diferencial é a virilidade, a luta contra as opressões e a capacidade de criar consensos. Num extremo oposto em relação aos arianos, os negros

---

(70) João Ribeiro afirma que os últimos descendentes dos persas — os parsis — são "continuadores da antiga religião (o mazdeísmo) ainda hoje assim o praticam". Práticas religiosas ancestrais estariam sendo reproduzidas: assim como no passado, os parsis da Índia não queimam nem enterram "os cadáveres" a fim de não contaminar os elementos. Deixavam-nos expostos em lugares solitários, a fim de servirem de pasto aos abutres. [...] Uma das curiosidades maiores da cidade de Bombaim são as torres de Silêncio, cemitério de Parsis, situado no bairro de Malabar Hill (*História da Antiguidade*, p. 58-9).

(71) KANT, I. *Ideia de uma história universal de um ponto de vista cosmopolita*. Tradução de Rodrigo Naves e Ricardo R. Terra. São Paulo: Brasiliense, 1986.

e demais povos derrotados/escravizados são vistos como passivos e por isso, fadados a desaparecer:

> "Os estudos modernos do fim do século passado para cá demonstram a unidade das línguas ditas indo europeias ou indo germânicas (o sânscrito, o latim, o persa, o grego, o gótico, o slavo, etc.) e esse característico junto ao dos povos determinaram a unidade da raça ariana. Os arianos tiveram, pois, um habitat primitivo comum e mais tarde se dispersaram [...] O caráter comum desta raça é a sua superioridade pela organização social e pelo progresso, povo livre sem a tirania durável do rei como os chamitas, nem a tirania eterna de Deus como os semitas. Ele estabelece a supremacia no mundo: evolui rapidamente nas ciências, nas artes [...] constituição política. Mas os arianos da Ásia ou por influência do clima ou pela extrema fusão com as raças inferiores evoluem lentamente." (*História antiga.* 1894, p. 153)

Observa-se também a associação da masculinidade e força ao exercício do poder[72] em sociedades cujas relações são estabelecidas e mantidas por meio da violência:

> "À parte as lendas sobre os tempos primitivos da Media, sabe-se positivamente que ela foi conquistada por Shalmanazar (840 a.C.) e que Phraortes (647 a.C.) começou a luta pela independência [...]. Cyaxares, o verdadeiro organizador do seu país [...], levou seus domínios até a Pérsia [...]. Mas o seu filho, o efeminado e fraco Astyage, deixou perder tudo quanto o pai houvera feito." (*História antiga.* 1894, p. 176)
>
> "Embora os nômades julgassem efeminados e fracos os o sedentários, não deixavam contudo, de lhes invejar a sua vida fácil e sossegada." (*História da Antiguidade*, p. 16)

(72) "[...] as mulheres (são) inaptas para a guerra." (*História antiga*, 1894. p. 57)

> "Pyrrho adestrou os efeminados tarentinos, disciplinou e formou um exército bem apetrechado de todas as armas e com vinte elefantes de combate. Assim veio encontrar os romanos." (*História da Antiguidade*, p. 170)

A grande maioria dos referenciais, autores e interpretações nas quais Ribeiro baseia-se estão superados, embora conhecidos e reconhecidos em sua época. Assim, não me parece um esforço fecundo confrontar os referenciais modernos com aqueles utilizados por ele — um trabalho interessante do ponto de vista da história das ideias, mas distanciado da história da educação. Pode-se enxergar nos seus livros instrumentos eficazes de difusão de imagens estereotipadas acerca do gênero feminino, negros e vencidos de um modo geral. Pode-se supor também que a narrativa oferecia elementos para o estudante/adolescente desenvolver o sentimento de identificação/empatia com a elite branca no poder, de tal modo que os fracos, os vencidos e as "minorias" (negros, mulheres, homossexuais, desajustados, "atrasados", "primitivos", "passivos", etc.) fossem vistos como o "outro" — alvo de combate com vistas à submissão ou piedade. Inverdades, pitorescos históricos e fábulas podem levar o aluno a admirar o modo de ser e agir das elites; assim, o projeto educativo conseguiria ultrapassar a função meramente informativa para tornar-se formativo no sentido lato, afirmar uma Paideia, um corrompido ideal de homem. Pode-se supor também que as imagens da mulher não confiável ou do negro indolente/indefeso mais fortemente inspirariam a imaginação do adolescente quanto mais eles (mulheres, negros, vencidos) não tivessem acesso a esta escola, não conhecessem o darwinismo social e demais lendas — como a história de Lucrécia e o rapto das sabinas(73).

---

(73) Num momento em que corria o dito popular segundo o qual "mulher que sabe latim não tem marido e nem Bomfim e escravo que sabe ler acaba querendo mais do que comer", os homens cultos conheciam as lendas que cercavam as origens de Roma e, dentre outras questões, abordavam a confiabilidade na mulher.
— Roma era povoada por aventureiros e os vizinhos sabinos não permitiam que eles namorassem suas filhas. Os romanos raptam as mulheres e, no momento em que os sabinos invadem o povoado para libertá-las, elas aparecem "descabeladas" lutando ao lado dos romanos. A luta é interrompida e um acordo define que os reis de Roma seriam romanos e sabinos, alternadamente.
— na Roma monárquica, dois jovens nobres decidem espionar/testar as esposas para saber qual a mais virtuosa. A história termina tragicamente com a morte de Lucrécia.
Histórias risíveis? Talvez evidenciem os lugares dos homens e mulheres no sistema patriarcal.

Em muitas regiões brasileiras, os negros constituem uma parcela muito significativa da população; seu trabalho foi explorado; eles insurgiram-se e inspiraram temor ainda assim, descrevia-se na escola "seu caráter afetivo e doce", "covarde e sem energia", incapaz para a revolta (*História Antiga*, 1894. p. 39-40). De maneira perversa, os negros foram colocados como adversários vencidos; assim, qualquer sinal de cooperação/integração deles à sociedade nacional denotaria fraqueza/ incapacidade de luta. O darwinismo social estabelece uma hierarquia das populações/raças e o resultado da luta/confronto entre povos distintos demonstrada quais são os inferiores e os superiores, uma perspectiva que necessariamente desqualifica/rotula. Pode-se indagar: ainda que Ribeiro reconhecesse a luta dos negros (aquilo que o século XIX e o pensamento cientificista não fazem), ela apenas confirmaria a posição de adversário? Questão complicada para os intelectuais brasileiros.

Para Ribeiro, "civilização histórica" e "nacionalidade" são termos próximos (*História da Antiguidade*, 1894. p. 54) e denotam graus elevados de coesão e organização social característicos do "período agrícola"(74). A cultura e a língua (herança) dos povos mais fortes iriam impor-se e o "tipo hibrido" era visto com desconfiança; Schwacz destaca que o Brasil era considerado um caso extremado e único de miscigenação racial e que os nossos intelectuais afrontavam a grande maioria dos "cientistas" europeus do período quando afirmavam o futuro promissor da nacionalidade.

Em temos de história do currículo, a influência do cientificismo na escrita escolar da história afrontava a substituía a "história sagrada" e concepções católicas. Pode-se supor que as concepções racistas/elitistas causassem algum incômodo/mal-estar de tal modo que não encontramos reedições das obras *História da Antiguidade* e *História Antiga* (1894), tampouco consegue-se localizá-las facilmente em sebos ou bibliotecas de Universidades; acredito que chegaram aos dias de hoje pouquíssimos exemplares destes livros. Lançada em 1918, *História Universal* teve pelo menos três edições e apresenta um texto mais cuidadoso:

(74) "Em toda a parte, em todos os estados de civilização, encontramos os seres humanos sempre reunidos em maior ou menor coesão em grupos, tribos e nações." (*História antiga*, 1894. p. 49)

> "Evitamos propositalmente as dissertações complementares que fazem o objeto próprio das chamadas histórias da civilização. Preferimos a narrativa dos fatos e dos acontecimentos em que se pode fundar qualquer filosofia ou teoria da história. Evitamos minúcias e individuações sem importância [...].
>
> Incluímos com moderação algumas lendas e frases que embora não tenham grande autenticidade, fazem parte dos conhecimentos e da educação literária.
>
> Escrevendo para rapazes, tivemos todo o cuidado em evitar asperezas e inúteis escabrosidades de que estão cheios, descuidadamente, alguns compêndios. Nada lucraria a juventude em conhecê-las." (*História Universal*, 1922. p. 10-11)

Não se deve superestimar as regulamentações dos órgãos públicos para nenhum nível de ensino naquele período — particularmente o secundário, oferecido majoritariamente por preceptores ou escolas privadas e ao qual impôs-se fiscalização/supervisão, frequência e seriação obrigatórias apenas na década de 1930. Escrevendo em 1852, Nísia Floresta afirma que muitos preceptores e "casas de educação" (escolas privadas) fazem "ostensivos prospectos", contam com a "credibilidade do público, sempre solícito em acolher sem exame tudo o que tem aparência de novidade e de ostentação" (1989, p. 78):

> "Em todos os pontos do Brasil, qualquer homem ou mulher que saiba ler, embora não seja o português classicamente belo de A. Herculano, e tem meios de montar uma casa de educação, julga-se logo habilitado a arrogar o título de diretor do colégio, caricaturando o que na Europa ilustrada assim se denomina. Nenhum exame em regra se faz desses educadores da juventude que terá de fazer um dia a glória do nosso país: eles ensinam pelos compêndios que querem, instituem doutrinas à sua guisa. O pedante goza das mesmas garantias, e quase sempre de maiores vantagens, que as inteligências superiores." (1989, p. 80)

Também não me parece razoável supor que a produção didática de Ribeiro (assim como as sucessivas reedições) representem apenas a resposta de um professor à propagação do ensino. Talvez a elaboração dos livros didáticos de Ribeiro decorrem, em maior ou menor grau, de apontamentos elaborados para as aulas, debates e reflexões; no entanto, seu o prestígio intelectual e político coloca-o em lugar privilegiado a partir do qual elabora e discute propostas e programas educativos para os poderes públicos e a capa ou página de rosto de cada uma das suas obras apresentam-nas como respostas à emergente política educacional ou como vencedoras de concursos:

— *História Universal* (3. ed., 1922):

— "lições escriptas de conformidade com o programma do Collegio Pedro II" (página de rosto).

— "foi aumentada esta edição [...] conforme a recomendação do Conselho Superior de Ensino" (p. II).

Ainda que nem sempre levados em consideração pelos docentes, tais concursos — assim como o atendimento às diretrizes oficiais — prestigiavam as obras e pretendiam orientar os professores na escolha dos materiais pedagógicos.

É bem verdade que Ribeiro atua como professor secundário, a maioria dos seus livros didáticos dirigem-se a este nível de ensino, cujas vagas foram majoritariamente oferecidas pela iniciativa privada até a década de 1950; no entanto, pode-se enxergar na obra *Instrução Pública* (primária, secundária e técnica) datada de 1890 (Rio de Janeiro: Tipografia Montenegro) a defesa da escola pública e a afirmação de que compete ao Estado a definição de diretrizes para o ensino. De certo modo, o trabalho lembra os famosos relatórios elaborados por Rui Barbosa mais ou menos na mesma época: defesa do método intuitivo para a escola primária, farta bibliografia em língua estrangeira, a experiência bem-sucedida de países europeus e dos EUA como argumento a favor ou contra determinadas propostas — tal como o perfil das escolas técnicas. O trabalho é dedicado aos senhores Rui Barbosa e A. Herculano de Souza Bandeira, apresentados como "os dois mais estrênuos promotores da constituição do Ensino Público no Brasil" e a capa da obra apresenta-a como "memória escrita para o concurso ao lugar do Diretor da Instrução Pública do Estado de

Minas Gerais". Defensor da escola pública e da regulamentação do ensino, atrela a escola a "aquisição de noções e hábitos indispensáveis ao indivíduo na vida social civilizada" (1890, p. 1); no entanto, mostra-se incrédulo ante a afirmação da capacidade da escola transformar o entorno social e político. Calcado nas noções de hábito e de civilização, atribui maior valor à educação física e moral que a intelectual, mas entende que o "caráter ético da educação" seja "mais vigorosamente instituído na família" (1890, p. 2) num momento em que projetos (ultra) nacionalistas amparavam-se no currículo escolar:

> "Os hábitos preponderam sobre as noções, tanto quanto socialmente a imoralidade é mais condenável que a ignorância.
>
> Daí decorrem as conclusões seguintes: a) os hábitos, representando o caráter ético da educação, são mais vigorosamente instituídos na família; b) os hábitos, fisiologicamente, podem representar condições orgânicas, resultantes de transmissão hereditária normal ou de desvios provenientes da influência ancestral ou atavica.
>
> [...]
>
> Sua ação (da escola) é limitada e apenas colaboradora na obra social. Não obstante, o alfabetismo diminui em qualquer coletividade o número de crimes e cria no espírito um estado de resistência contra os impulsos bestiais do homem (1).
>
> Na escola há que atender-se a três modalidades da educação: a educação física que prepara e mantém a saúde; a educação moral que inocula e invetera os bons hábitos, as maneiras, as normas de boa conduta e toda a espécie de deveres; a educação intelectual que ministra ao indivíduo os conhecimentos necessários ao sucesso completo da vida em sociedade civilizada." (1890, p. 2-3)

A nota de rodapé número um insiste na ideia de que a contribuição da escola é real, porém limitada, e critica o romantismo, o exagero extravagante a partir do qual muitos afirmam o seu lugar na sociedade:

> "Teoria extravagante de literatos e racionalistas a Hugo: *A escola, dizem, elimina a cadeia.* Outra frase retumbante foi a que se repetiu na França após do desastre de Sedan: *Foi o mestre escola (prussiana) quem venceu os franceses* [...]." (1890, p. 2)

Não coloca a escola como o carro chefe das transformações sociais, como alavanca das mudanças, mas como instituição que, na medida do possível, deve moralizar e instruir; para Ribeiro, o letramento significa uma arma, um instrumento de empoderamento: "o ignorante ledor é quase sempre perigoso" (1890, p. 10). Ribeiro não explica esta afirmação, mas pertenceu a uma geração fortemente impactada pelos modernos recursos tecnológicos e pela aceleração que eles trouxeram ao ritmo da vida cotidiana e social. Fortemente inscritos na cultura letrada, talvez não tenhamos a percepção de que nas sociedades predominantemente orais os saberes demoram a tornarem-se obsoletos e as transformações sociais são mais lentas. A palavra escrita facilita o acesso à informação, permite a transmissão impessoal e, deste modo, favorece revoluções, rupturas no tempo histórico e o conflito entre gerações (THOMPSON). Assim, a defesa de um currículo enciclopédico por parte de Ribeiro parece remeter não à proposta de se constituir uma "aristocracia do espirito", de criar dificuldades capazes de excluir os alunos desfavorecidos tal como alguns defenderam no século XX (SOUZA) —, mas de formá-los em sentido lato:

> "Uma escola primária bem organizada deve constituir objeto de instrução o programa das matérias seguintes:
>
> Língua pátria, aritmética, geometria, ciências físicas e naturais, geografia, história, desenho e música [...].
>
> Esse programa para os leigos parece pomposo e exagerado, mas não o é na realidade [...]. A escola primária representa uma fase de preparação para a vida. Não é lícito a ignorância dos grandes fatos da natureza, principalmente àqueles (a maioria) que saem da escola para o trabalho mecânico e

> não tem outro complemento de educação científica e literária.
>
> [...]
>
> O que é mister é que existam professores sensatos que compreendam o alcance e a limitação dos seus deveres profissionais." (1890, p. 10)

O autor conclui que o programa da escola primária "deve apenas consignar o estudo rudimentar, sem livros, intuitivo e prático" (1890, p. 18), pois:

> "[...] este ensino comporta dois graus de desenvolvimento: um de puro exercício dos sentidos, feito pelas lições de causas; outro mais elevado onde devem caber algumas generalizações de ciência, após o exame dos fatos ou dos fenômenos." (p. 20)

O ensino de história e de línguas deveriam efetivar-se na escola primária por meio de exercícios de leitura e de escrita; no caso da primeira disciplina, a memorização dos feitos militares e das sucessões dinásticas deveria ser substituído pela leitura de biografias reunidas por Silvio Romero num compêndio de instrução cívica (p. 22). Já o ensino de língua vernácula [...] deve ser baseado no método que a própria natureza aconselha (p. 13):

> "[...] as crianças sabem mais ou menos falar com as regras da gramática sem todavia conhecê-las. O método do professor consiste em apresentar exemplos (concreto) e depois formular a regra ou lei de expressão (abstrata e geral). O complemento deste ensino são os exercícios de redação [...].
>
> Deve-se aprender a gramática pela língua e não a língua pela gramática." (p. 13)

Bibliografia

ACÍZELO DE SOUZA, Roberto. *O império da eloquência.* Rio de Janeiro: UERJ, EdUFF, 1999.

BITTENCOURT, Círce M. Fernandes. *Didática e conhecimento histórico:* uma história do saber escolar. Tese de Doutoramento, São Paulo: USP, 1993.

CANDIDO, Antonio. *Literatura e sociedade.* 9. ed. Rio de Janeiro: Ouro sobre Azul, 2006.

CARDOSO, João Escobar. A formação das histórias literárias através da escola. *Anais do II Seminário Nacional Literatura e Cultura.* São Cristóvão: GELIC, 2010.

CARPEAUX, Otto Maria. *A literatura grega e o mundo romano.* São Paulo: Ediouro, s/d.

FERREIRA, Antonio Gomes Alves; VECHIA, Ariclê. Um olhar sobre as instituições de ensino secundário no século XIX: o Liceu de Coimbra e o Imperial Collégio de Pedro II. *Cadernos de História da Educação,* n. 3, jan./dez. 2004.

GONÇALVES, Luiz Alberto Oliveira. Negros e educação no Brasil. In: LOPES, Eliane M. T.; VEIGA, Cyntia G. (orgs.). *500 anos de educação no Brasil.* 3. ed. Belo Horizonte: Autêntica, 2003.

GUSMÃO, Emery M. Autores contemporâneos (João Ribeiro, 1860-1934). *Anais do Encontro Ibero Americano de Educação* (EIDE), Santiago, 2012.

KANT, I. *Ideia de uma história universal de um ponto de vista cosmopolita.* Tradução de Rodrigo Naves e Ricardo R. Terra. São Paulo: Brasiliense, 1986.

MACHADO, António de Alcântara. *Pressão afetiva e aquecimento intelectual:* cartas de António de Alcântara Machado a Prudente de Moraes, neto (1925-1932). Organização de Cecília de Lara. São Paulo: Giordano Lemos, EDUC, 1997.

MEYER, J. Globalização e currículo. In: NÓVOA, A.; SCHRIEWER, J. *A difusão mundial da escola.* Lisboa: Educa, 2000.

MICELI, S. *Intelectuais a brasileira.* São Paulo: Cia. das Letras, 2001.

NOVOA, Antonio. Tempos da escola no espaço Brasil-Portugal-Moçambique: dez digressões sobre um programa de investigação. *Revista Brasileira de História da Educação,* n. 1, p. 161-186, jan./jul. 2001.

PETITAT, A. Os colégios ou a produção/reprodução de uma cultura geral distinta. In: *Produção da escola/produção da sociedade* — análise sócio-histórica de alguns momentos decisivos da evolução escolar no Ocidente. Porto Alegre: Artes Médicas, 1994.

RAZZINI, Marcia de Paula G. *O espelho da nação:* a Antologia Nacional e o ensino de português e de literatura (1838-1971). Tese de Doutoramento, Campinas: UNICAMP, 2000.

RIBEIRO, João. *A instrução pública (primária, secundária, técnica).* Rio de Janeiro: Typografia Montenegro, 1890. Acervo da Academia Brasileira de Letras Biblioteca Lucio de Mendonça.

______. *História antiga* — Oriente e Grécia. 2. ed. Rio de Janeiro: Alves & Cia., 1894. Acervo da Biblioteca Central da UNICAMP — setor de obras raras.

______. *História da antiguidade:* Oriente, Grécia e Roma. 2ª série, s/r. Acervo do Arquivo Edgard Leuenroth IFCH/UNICAMP.

______. *História universal.* 3. ed. Rio de Janeiro: Jacinto Ribeiro dos Santos, 1922. Obra adquirida em sebo.

ROCHA POMBO. *O grande problema.* Rio de Janeiro: Companhia Typografica do Brasil, 1900. Acervo da ABL.

ROUANET, Paulo Sergio. *Reinventando as humanidades. As razões do iluminismo.* São Paulo: Cia. das Letras, 1987.

SCHWARCZ, Lilia. *O espetáculo das raças cientistas, instituições e questão racial no Brasil.* São Paulo: Cia. das Letras, 1993.

UNESCO. *Plano Nacional de Educação em Direitos Humanos.* Comitê Nacional de Educação em Direitos Humanos. Brasília: Secretaria Especial dos Direitos Humanos, Ministério da Educação, Ministério da Justiça, UNESCO, 2007.

VECHIA, Ariclê; LORENZ, Karl M. (orgs.). *Programa de ensino da escola secundária brasileira:* 1850-1951. Curitiba: Editora do Autor, 1998.

WATT, Ian. *A ascensão do romance.* São Paulo: Cia. das Letras, 2010.

Considerações Finais

Nos últimos anos desenvolvemos pesquisas na área da história do currículo escolar no período 1870-1930 e observamos uma multiplicidade de propostas nem sempre convergentes entre si. Em conformidade com a tradição clássica/renascentista, em meados do século XIX o currículo da escola secundária brasileira valorizava a cultura e a história greco-romana; a filosofia, a "arte de bem dizer" (retórica), literatura e língua gregas e latinas que familiarizavam o estudante com frases e citações em latim capazes de conferir prestígio a interlocutores e oradores. Neste período, modernizar o currículo significava introduzir os recentes conhecimentos científicos na escola (química, física, matemática, etc.) e/ou levar o aluno a conhecer a realidade nacional (história e geografia do Brasil, língua e literatura nacionais, etc.). O Estado brasileiro incentivava os mais prestigiados intelectuais do período a desenvolverem estudos acerca da "realidade nacional" e a redigirem "compêndios" (e demais materiais didáticos) com vistas à modernização do currículo. O valor dos autores "clássicos" era (e continua sendo) indiscutível; por outro lado, *História da Literatura Brasileira* (1888), de Silvio Romero, proporciona contribuição decisiva para a cultura e a escola brasileira, pois estabelece/define um conjunto de obras literárias nacionais de "excelência", capazes de revelar o "gênio", o modo de ser nacional; também a história do Brasil precisava de sínteses capazes de descrever o "homem brasileiro" e atribuiu-se a João Ribeiro este mérito (1900). Seus livros, ao lado daqueles escritos por outros autores (como Carlos de Laet, por exemplo), construíram uma divisibilidade acerca do país, viabilizaram a emergência de disciplinas que nos parecem corriqueiras e, desde o século XIX, reduziam a carga horária dos conteúdos clássicos. Um novo ideal de erudição afirmava-se gradativamente, embora a antiguidade permanecesse como o foco central da disciplina história.

Durante a ditadura militar, as aulas de latim desparecem completamente do currículo, a importância do estudo da história e da realidade do país permanecem consensuais e, nos anos 1980/1990 — com a redemocratização —, a história antiga passa a ser associada a uma visão romanceada, pouco crítica do passado. Mediante a proposta de se formar o cidadão participativo — sujeito do conhecimento, da aprendizagem e da história — impõe-se o predomínio do passado nacional na disciplina história, a obrigatoriedade do estudo da história e cultura dos africanos, afrodescendentes e indígenas. É possível problematizar o conhecimento relativo à história da América — minoritário no currículo em relação aos conteúdos clássicos (antes de 1970) e à História do Brasil (desde o século XIX).

Trabalhamos com a hipótese de que — em oposição às ideias de João Ribeiro, que estabelece uma linha de continuidade entre a cultura/homem brasileiro e as tradições clássicas e cristãs — Rocha Pombo (simpatizante do anarquismo e integrante do movimento literário simbolista) produz conhecimentos e materiais didáticos capazes de modernizar o currículo da escola primária e secundária brasileira por um viés que valoriza as "tradições" americanas e ostensivamente não se pretende elitista. Sua *História do Brasil* (1905-1917) parece menos prestigiada que a produzida por João Ribeiro; a versão deste trabalho para a escola primária é considerado o livro mais vendido no mercado brasileiro (*Nossa Pátria*, 1917. 88. ed. em 1970 e 452 mil exemplares impressos) e *Compêndio de História da América* (1900)[75] — o primeiro livro didático de história da América produzido no Brasil — parece denunciar a opressão europeia. Os programas de ensino do Colégio Pedro II evidenciam que as inserções da História do Brasil, da América, da História Moderna e Contemporânea (com diferentes nomenclaturas) são mais ou menos simultâneas temporalmente (segunda metade do século XIX); no entanto, eles não registram a indicação de nenhum livro de Rocha Pombo para uso didático. Pergunta-se: estes livros tiveram boa aceitação junto às Escolas Normais?

A meu ver, deve-se resistir à tendência de enxergar nos livros didáticos tão somente representações da nacionalidade, apenas mais uma página da história cultural. Com maior ou menor eficácia, os materiais didáticos ajudam a formar valores e contribuem para consolidar uma determinada (e às vezes desequilibrada) concepção de cidadania.

---

(75) Em 1903, a H. Garnier livreiro editor lança a *História da América* para as escolas primárias (Biblioteca da Infância).